新编21世纪
高等职业教育精品教材
旅游大类

智慧导览服务与管理

主　编　邓　进
副主编　沈铮杰

中国人民大学出版社
·北京·

图书在版编目（CIP）数据

智慧导览服务与管理 / 邓进主编. -- 北京 : 中国人民大学出版社, 2023.8
新编21世纪高等职业教育精品教材. 旅游大类
ISBN 978-7-300-31949-0

Ⅰ.①智… Ⅱ.①邓… Ⅲ.①导游－旅游服务－高等职业教育－教材②旅游经济－经济管理－高等职业教育－教材 Ⅳ.①F590

中国国家版本馆 CIP 数据核字 (2023) 第 129503 号

国家级教学资源库——“智慧景区开发与管理专业教学资源库”子项目“旅游服务礼仪”配套教材
中国特色高水平高职专业群（导游）建设成果
新编 21 世纪高等职业教育精品教材 · 旅游大类

智慧导览服务与管理

主　编　邓　进
副主编　沈铮杰
Zhihui Daolan Fuwu yu Guanli

出版发行	中国人民大学出版社		
社　　址	北京中关村大街 31 号	邮政编码	100080
电　　话	010-62511242（总编室）		010-62511770（质管部）
	010-82501766（邮购部）		010-62514148（门市部）
	010-62515195（发行公司）		010-62515275（盗版举报）
网　　址	http:// www. crup. com. cn		
经　　销	新华书店		
印　　刷	北京宏伟双华印刷有限公司		
开　　本	787 mm × 1092 mm 1/16	版　　次	2023 年 8 月第 1 版
印　　张	12	印　　次	2023 年 8 月第 1 次印刷
字　　数	262 000	定　　价	58.00 元

Preface 前言

党的二十大报告指出，高质量发展是全面建设社会主义现代化国家的首要任务。新技术在旅游业的应用是推动旅游业高质量发展的重要方向。

随着“互联网+”、大数据、人工智能等新技术与旅游业的融合不断加深，“互联网+旅游”不断催生出一大批新技术、新产品、新业态和新模式，使得旅游业成为中国经济持续发展的重要产业。在万物互联的信息时代，旅游者日益增长的多样化旅游需求对旅游信息化提出了更高、更新的要求，传统导览方式已无法满足旅游者的出行需求，如何借助新技术和新设备重塑导游导览的魅力是旅游从业人员的职责所在。

智慧导览依托大数据及智能化终端设备为旅游者提供出行前、出行中、出行后的服务，优化旅游者游玩的体验感，满足旅游者的个性化需求，为其提供高品质、高满意度的导游导览服务。可以畅想的是，未来旅游者的出行将变得更为便利，真正实现行前手指轻轻一点，酒店、机票、餐厅、景区门票一键预约；旅行途中则有地图实时定位、语音导览讲解、VR 全景技术等全程伴随；旅行结束后，电子支付、社交分享、平台反馈轻松完成，让“一场说走就走的旅行”变得更为智慧、便捷。

本教材从智慧导览概述、智慧营销导览、旅游目的地智慧导览、智慧导览技术运用四个方面对智慧导览服务与管理的课程内容进行了构建，包含 4 个项目，共计 17 个教学任务。项目一包括认知智慧旅游、认知传统导览和认知智慧导览 3 个任务，帮助学生初步了解智慧旅游及智慧导览服务的相关内容，掌握智慧导览的体系结构；项目二包括认知智慧导览产品、认知智慧导览体系下智慧旅游产品定价、认知智慧导览体系下的销售渠道和认知智慧促销 4 个任务，帮助学生构建智慧旅游营销基础知识体系；项目三包括认知智慧城市导览、认知智慧乡村导览、认知智慧导览在酒店中的运用、认知智慧导览在商场中的运用和认知智慧导览在博物馆中的运用 5 个任务，带领学生认知旅游目的地智慧导览及不同智慧场景导览服务的具体应用，提升学生借助相关智慧导览设备辅助导游服务相关工作的能力；项目四包括认知物联网与智慧导览、认知云计算与智慧导览、认知大数据与智慧导览、认知人工智能与智慧导览和认知虚拟现实与智慧导览 5 个任务，帮助学生熟悉并掌握智慧导览技术在导览服务中的运用，培养学生将智慧导览技术融入导览产品策划营销体系的思维。

本教材是导游专业、智慧旅游专业的通识课教材，同时可作为旅游管理、市场营销等专业学生以及旅行社、酒店等企业人员的参考用书。本教材由浙江旅游职业学院邓进担任主编，浙江旅游职业学院沈铮杰担任副主编，浙江工业大学汪敏倩博士参与编写。

杭州麦扑文化创意有限公司、杭州长风旅游科技有限公司、浙江朗域视觉科技有限公司、杭州西堤数字科技有限公司企业人员参与了部分内容撰写，同时提供了大量的案例资料和充分的技术支持，为本教材的及时出版提供了有力的保障。编者在编写过程中参考了相关同类教材和著作，借鉴了最新的行业案例和网络资料，谨此致谢，如未能在参考文献中尽数列出，请及时与我们联系。

由于编者水平有限，加之时间仓促，本教材错误和疏漏之处在所难免，敬请读者批评和指正。

编者

Contents 目 录

项目一

智慧导览概述

项目概述

随着云计算、物联网、人工智能以及移动通信等技术持续发展，平板电脑、智能手机等便携终端设备不断更新，依托新技术和新设备的智慧旅游蓬勃发展。

在这个万物互联的信息时代，信息获取的便捷性促使旅游者需求日益分化，他们在旅游信息获取的方式上有了更多的选择。传统导览方式已经无法满足旅游者的出行需求，如何借助新技术和新设备重塑导游导览的魅力是旅游从业人员的责任。

作为旅游从业人员，如何利用智慧旅游、智慧导览的相关知识提升对旅游者的营销和服务水平是当前的一项重要任务。通过本项目学习，学习者可初步了解智慧旅游及智慧导览服务的相关内容，并且对智慧导览的结构体系进行深入学习和理解。

知识目标

1. 了解旅游要素、旅游业和旅游资源；
2. 理解传统导览和智慧导览的区别。

技能目标

1. 学会利用传统导览的相关知识指导实践；
2. 掌握智慧导览的体系结构。

素养目标

1. 能够自主学习智慧旅游及智慧导览的相关前沿知识；
2. 能够结合当下智慧旅游和智慧导览的前沿知识思考旅游业的未来发展。

任务一 认知智慧旅游

任务内容

1. 了解旅游基本要素、旅游业和旅游资源；
2. 了解智慧旅游的基本内容。

一、旅游

旅是旅行或外出，即为了实现某一目的而在空间上从甲地到乙地的行进过程；游是外出游览、观光、娱乐，即为达到这些目的进行的旅行。二者结合起来即旅游，旅行偏重于行，旅游不仅有“行”，而且有观光、娱乐含义，所以说旅游是人的一种行为。

旅游是人们出于移民和就业任职以外的其他原因，离开自己的长住地，前往异国他乡的旅行和逗留活动，以及由此所引起的现象和关系的总和，即人们在非定居的城市、乡村、景区和度假区围绕生态、文化、康体、游乐等功能进行的游憩活动。

（一）旅游要素

旅游的基本要素是“食、住、行、游、购、娱”，虽然只是简单的六个字，但是它的形成过程却经历了半个世纪，凝集了几代人的心血，集中了成千上万旅游工作者的智慧。旅游六要素是中国发展旅游业的根本、指导旅游业的规范、衡量旅游业的标准，也是广大导游进行导游安排时必须考虑的六个要点。认知旅游六要素有助于导游在实际工作中更好地为游客服务。

延伸阅读　基于旅游六要素的旅游活动注意事项

“食”的注意事项：

1. 不要太多地改变自己的饮食习惯，注意荤素搭配、多食蔬果。
2. 品尝风味小吃时不可过量。

“住”的注意事项：

1. 只有睡眠充足，才能确保第二天旅游时精力充沛。

2. 如果因换环境不能入睡，睡前洗个热水澡会有助于睡眠。

3. 确保住宿环境的干净卫生。

“行”的注意事项：

1. 买好返程票。

2. 乘交通工具时注意安全。

3. 使用导航软件或购买当地地图，以防迷路。

“游”的注意事项：

1. 去游览景点之前，可以阅读相关介绍书籍，将读书和游览结合起来会提高旅游审美。

2. 旅途中因交通费是主要开支，最好能顺道游览目的地附近的景点。

3. 时间允许的话，可考察当地与自己相关行业的现状。

“购”的注意事项：

1. 购买当地的特产。

2. 最好不要购买太重的物品，防止行李超重。

“娱”的注意事项：

1. 不要入迷，适可而止。

2. 游玩当地喜闻乐见的项目。

3. 注意安全，保存体力，切勿到不适当的场所。

（二）旅游业

旅游业，国际上称为旅游产业，是以旅游市场为对象，凭借旅游资源、旅游设施，有偿为旅游者的旅游活动创造便利条件，并为其提供所需商品和服务的所有行业和部门组成的综合性产业。狭义的旅游业，在中国主要指旅行社、旅游饭店、旅游车船公司以及专门从事旅游商品买卖的旅游商业等行业。广义的旅游业，除专门从事旅游业务的部门以外，还包括与旅游相关的各行各业。

基于旅游者活动内容涉及要素，我国旅游业的基本构成包括以下部门：交通运输业、旅游景点部门、住宿服务部门、餐饮服务部门、旅游纪念品/用品零售部门、娱乐服务部门、旅行社部门、旅游行政机构和旅游行业组织。在旅游业中，前六个部门分别直接为旅游者提供行、游、住、食、购、娱等项服务。旅行社部门作为其销售渠道，通过代理销售和组合产品方式为旅游者提供便利服务。旅游行政机构和旅游行业组织虽然不属于直接面向旅游者提供服务的营利部门，但由于其为其他部门提供行政管理服务，也纳入旅游业的构成中。

（三）旅游资源

旅游资源是旅游业发展的前提，是旅游业的基础。旅游资源主要包括自然风景旅游资源和人文景观旅游资源。

自然风景旅游资源是以大自然造物为吸引力本源的旅游资源，凡具有观赏、游览、疗养、科学考察或借以开展其他活动的价值，从而能够引起旅游者来访兴趣的自然界事物，都属于自然风景旅游资源的范畴，主要包括高山、峡谷、森林、火山、江河、湖泊、海滩、温泉、野生动植物、气候等，可归纳为地貌、水文、气候、生物四大类。人文景观旅游资源是以人类社会中的文化事物为吸引力本源的旅游资源，主要包括历史文化古迹、古建筑、民族风情、现代建设新成就、饮食、购物、文化艺术和体育娱乐等，可归纳为人文景物、文化传统、民情风俗、体育娱乐四大类。

我国拥有丰富的自然风景旅游资源和人文景观旅游资源，以世界遗产为例，截至2021年7月25日，我国拥有世界遗产总数达到56处，其中世界文化遗产38项、世界文化与自然双重遗产4项、世界自然遗产14项。我国是世界上拥有世界遗产类别最齐全的国家之一，也是世界自然遗产数量最多的国家（14项）、世界文化与自然双重遗产数量最多的国家之一（与澳大利亚并列，均为4项）。

延伸阅读　中国世界遗产名录

一、世界文化遗产（共38项）

1. 长城
2. 甘肃敦煌莫高窟
3. 明清皇宫（北京故宫、沈阳故宫）
4. 陕西秦始皇陵及兵马俑坑
5. 北京周口店北京人遗址
6. 西藏拉萨布达拉宫历史建筑群
7. 河北承德避暑山庄及其周围寺庙
8. 山东曲阜孔庙、孔林和孔府
9. 湖北武当山古建筑群
10. 云南丽江古城
11. 山西平遥古城
12. 苏州古典园林
13. 北京皇家祭坛—天坛
14. 北京皇家园林—颐和园
15. 重庆大足石刻
16. 河南龙门石窟
17. 明清皇家陵寝
18. 四川青城山—都江堰
19. 安徽皖南古村落—西递、宏村
20. 山西云冈石窟
21. 辽宁高句丽王城、王陵及贵族墓葬
22. 澳门历史城区

23. 河南安阳殷墟
24. 广东开平碉楼与村落
25. 福建土楼
26. 河南登封“天地之中”历史古迹
27. 内蒙古元上都遗址
28. 大运河
29. 丝绸之路：长安—天山廊道的路网
30. 土司遗址
31. 福建鼓浪屿：历史国际社区
32. 浙江良渚古城遗址
33. 福建泉州：宋元中国的世界海洋商贸中心
34. 江西庐山国家公园
35. 山西五台山
36. 浙江杭州西湖文化景观
37. 云南红河哈尼梯田文化景观
38. 广西左江花山岩画文化景观

二、世界文化与自然双重遗产（共 4 项）

1. 山东泰山
2. 安徽黄山
3. 四川峨眉山—乐山大佛
4. 福建武夷山

三、世界自然遗产（共 14 项）

1. 四川黄龙风景名胜区
2. 四川九寨沟风景名胜区
3. 湖南武陵源风景名胜区
4. 云南三江并流保护区
5. 四川大熊猫栖息地
6. 中国南方喀斯特（主要分布在以云贵高原为中心的云南、贵州、重庆、广西等地）
7. 江西三清山国家公园
8. 中国丹霞
9. 云南澄江化石遗址
10. 新疆天山
11. 湖北神农架
12. 青海可可西里
13. 贵州梵净山
14. 黄（渤）海候鸟栖息地（第一期）

学思践行

世界遗产杭州西湖文化景观中的红色旅游资源

1. 云居高节

景点：浙江革命烈士纪念馆、于子三墓

地址：万松岭路100-1号、万松岭路81号

历史阶段：新民主主义革命时期、社会主义革命与建设时期、改革开放和社会主义现代化建设新时期、中国特色社会主义新时代。

概况：由云居山浙江革命烈士纪念馆和万松书院内的于子三墓组成，以缅怀英烈的形式回顾我党百年历程，以英烈事迹激励和鼓舞当代人继续奋斗。

2. 北山薪火

景点：中国共产党杭州历史馆

地址：北山街44-49号

历史阶段：新民主主义革命时期、社会主义革命与建设时期、改革开放和社会主义现代化建设新时期、中国特色社会主义新时代。

概况：北山街的中国共产党杭州历史馆，以生动的图文、翔实的物证见证我党百年历程，是杭州市内全面展示共产党地方党史的场馆。

3. 白塔丹心

景点：沈干城、沈乐山烈士塑像＋杭州铁路博物馆•知青纪念馆

地址：之江路白塔公园内

历史阶段：新民主主义革命时期、社会主义革命与建设时期。

概况：由白塔公园内的沈干城、沈乐山烈士塑像和杭州铁路博物馆•知青纪念馆组成。铁路博物馆内详细展出了浙江首个共产党组织——杭州党小组的领导人之一沈干城在闸口铁路领导工人革命的事迹，沈干城与共产党员沈乐山一道在此组织工人革命，沉重打击了国民党当局的反动气焰。

4. 烟霞青史

景点：烟霞洞

地址：满觉陇路烟霞岭

历史阶段：新民主主义革命时期（1937年）

概况：南高峰下翁家岭南部山腰的烟霞洞为1937年周恩来同张冲会谈之地，是第二次国共合作的良好开端，为后续国共携手共同抗日奠定了基础。

5. 一桥飞虹

景点：杭州解放纪念碑＋杭州市革命烈士纪念馆

地址：之江路1号、之江路2号

历史阶段：新民主主义革命时期、社会主义革命与建设时期、改革开放和社会主义现代化建设新时期、中国特色社会主义新时代。

概况：由钱江一桥北岸的杭州解放纪念碑和杭州市革命烈士纪念馆组成，重点展现杭州解放的历程和蔡永祥舍身保卫钱江一桥等革命烈士的英勇事迹。

6. 五四宪晖

景点：五四宪法历史资料陈列馆

地址：北山街 84 号

历史阶段：社会主义革命与建设时期（1953—1954 年）

概况：北山街 84 号院内 30 号楼是新中国第一部宪法的起草地。1953 年底到 1954 年初，毛泽东主席在这里草拟了宪法的“西湖稿”，是新中国法制进程中的重要见证地。

二、智慧旅游

（一）智慧旅游的起源

“智慧旅游”来源于“智慧地球”（Smarter Planet）及其在中国实践的“智慧城市”（Smarter Cities）。2008 年国际商用机器公司（International Business Machines，IBM）首先提出了“智慧地球”概念，指出智慧地球的核心是以一种更智慧的方法通过利用新一代信息技术来改变政府、公司和人们交互的方式，以提高交互的明确性、效率、灵活性和响应速度。

“智慧城市”是“智慧地球”从理念到实际落地的举措。IBM 公司认为，21 世纪的“智慧城市”能够充分运用信息和通信技术手段感测、分析、整合城市运行核心系统的各项关键信息，从而对于包括民生、环保、公共安全、城市服务、工商业活动在内的各种需求做出智能的响应，为人类创造更美好的城市生活。该定义的实质是和用先进的信息技术，实现城市智慧式管理和运行，进而为城市中的人创造更美好的生活，促进城市的和谐、可持续成长。

我国专家对“智慧城市”有自己的解读。中国工程院院士、原副院长邬贺铨认为，智慧城市就是一个网络城市，物联网是智慧城市的重要标志；两院院士、武汉大学教授李德仁形象的说法是：数字城市 + 物联网 = 智慧城市。新加坡提出 2015 年建成“智慧国”的计划，我国上海、深圳、南京、武汉、成都、杭州、宁波、佛山、苏州等城市相继推出了“智慧城市”的发展战略。IBM 的“智慧城市”理念将城市本身看成一个生态系统，城市中的市民、交通、能源、商业、通信、水资源构成了子系统，这些子系统形成一个普遍联系、相互促进、彼此影响的整体。

受智慧城市的理念及其在我国建设与发展的启发，“智慧旅游”应运而生。从城市角度来看，“智慧旅游”可视作智慧城市信息网络和产业发展的一个重要子系统，可借助或共享智慧城市的已有成果实现“智慧旅游”的某些功能。因为“智慧旅游”是一项侧重公共管理与服务的惠民工程，所以将“智慧旅游”在城市视角下纳入智慧城市有助于明确建设主体并集约资源。然而，值得注意的是，由于旅游者与城市居民的特性与需求差异，“智慧旅游”与智慧城市体系下的“旅游”是不同的两个概念；旅游并不仅发生在城市，前者要比后者具有更广泛的内涵。

（二）智慧旅游的发展条件

智慧旅游概念源于智慧地球与智慧城市，但其发展的推动力依托以下六个方面：

（1）全球信息化浪潮促进了旅游产业的信息化进程。

（2）旅游产业的快速发展需要借助信息化手段，尤其是自旅游业被国务院定位为“国民经济的战略性支柱产业和人民群众更加满意的现代服务业”以来，旅游业与信息产业的融合发展成为引导旅游消费、提升旅游产业素质的关键环节。

（3）物联网/泛在网、移动通信/移动互联网、云计算以及人工智能技术的成熟与发展提供了促成智慧旅游建设的技术支撑。

（4）整个社会的信息化水平逐渐提升，促进了旅游者的信息手段应用能力，使智能化的变革具有广泛的用户基础。

（5）智能手机、平板电脑等智能移动终端的普及提供了智慧旅游的应用载体。

（6）最为重要的是，随着旅游者增加和对旅游体验的深入需求，旅游者对信息服务的需求在逐渐增加。旅游是在开放性的、不同空间之间的流动，旅游过程具有很大的不确定性和不可预见性，实时实地、随时随地获取信息是提高旅游体验质量的重要方式，这也昭示了智慧旅游建设的强大市场需求。

智慧化是社会继工业化、电气化、信息化之后的又一次突破。智慧旅游已经成为旅游业的一次深刻变革。在国务院《关于加快发展旅游业的意见》（国发〔2009〕41号）精神的指引下，旅游业开始寻求以信息技术为纽带的旅游产业体系与服务管理模式重构方式，以实现质的跨越。

（三）智慧旅游的提出

2010年3月“两会”期间，时任镇江市委书记许津荣一行在京拜会时任国家旅游局[①]局长邵琪伟，提出要将镇江加快打造为旅游强市。在听取了镇江城市概况和近年来旅游业发展情况后，邵琪伟对镇江的旅游发展提出建议，其中提到希望镇江进一步推进产业转型，包括在建设“智慧旅游”、推进物联网应用上做文章。这是“智慧旅游”概念第一次正式地被提出。

2011年7月，在兰州举办的全国旅游局长研讨班上，时任国家旅游局局长邵琪伟说，我国将争取用10年左右的时间，使旅游企业经营活动全面信息化，基本把旅游业发展成为高信息含量、知识密集的现代服务业，在我们这个新兴的世界旅游大国初步实现基于信息技术的“智慧旅游”。这是旅游主管部门第一次向媒体表达开展智慧旅游建设的愿景

---

① 2018年3月，根据第十三届全国人民代表大会第一次会议批准的国务院机构改革方案，将国家旅游局的职责整合，组建中华人民共和国文化和旅游部，不再保留国家旅游局。

与目标。

2011年，国家旅游局为“十二五”期间旅游信息化发展提供宏观指导，提出“将旅游信息化纳入区域信息化的重要组成部分，加大对旅游信息化建设的资源投放力度。加大对具有应用实效的旅游新技术产品的宣传推广力度，开展智慧旅游创建工程，对各类旅游信息化的新应用、新服务、新模式开展试点示范。同时还提出，在全国范围内针对城市、乡镇、景区等各级旅游目的地开展以智慧旅游为主题的旅游信息化工程建设与评选示范。智慧旅游被正式列为我国旅游业“十二五”期间的重要工作内容。

（四）智慧旅游的概念

“智慧旅游”是一个全新的命题，它是一种以物联网、云计算、下一代通信网络、高性能信息处理、智能数据挖掘等技术在旅游体验、产业发展、行政管理等方面的应用为表现形式，使旅游物理资源和信息资源得到高度系统化整合和深度开发激活，并服务于公众、企业、政府等的面向未来的全新的旅游形态。众多学者对其概念进行了全面的阐述。

叶铁伟认为，智慧旅游是利用云计算、物联网等新技术，通过互联网或移动互联网，借助便携的终端上网设备，主要感知旅游资源、经济、活动和旅游者等方面的信息并及时发布，让人们能够及时了解这些信息，及时安排和调整工作与旅游计划，从而达到对各类旅游信息的智能感知、方便利用的效果，通过便利的手段实现更加优质的服务。

黄超等认为，智慧旅游也被称为智能旅游，就是利用云计算、物联网等新技术，通过互联网/移动互联网，借助便携的上网终端，主动感知旅游资源、旅游经济、旅游活动等方面的信息，达到及时发布、及时了解、安排和调整工作与计划，从而实现对各类旅游信息的智能感知和利用。

吴学安认为，智慧旅游利用移动云计算、互联网等新技术，借助便携的终端上网设备，主动感知旅游相关信息，并及时安排和调整旅游计划。

刘军林等认为，智慧旅游系统是智慧旅游的技术支撑，它以在线服务为基础，通过云计算中心海量信息存储和智能运算服务的提供，满足服务端和使用端便捷地处理掌控旅游综合信息的需求。

张凌云等认为，智慧旅游是基于新一代信息技术，为满足游客个性化需求，提供高品质、高满意度服务，而实现旅游资源及社会资源的共享与有效利用的系统化、集约化的管理变革。

从内涵来看，智慧旅游的本质是指包括信息通信技术在内的智能技术在旅游业中的应用，是以提升旅游服务、改善旅游体验、创新旅游管理、优化旅游资源利用为目标，提升旅游企业竞争力、提高旅游行业管理水平、扩大行业规模的现代化工程。智慧旅游是智慧地球及智慧城市的一部分。

由此可见，智慧旅游是指以融合通信技术与信息技术为基础，以游客互动体验为中心，以一体化的行业信息管理为保障，以激励产业创新、促进产业结构升级为特色，利用移动云计算、互联网等新技术，借助便携的终端上网设备，主动感知旅游相关信息，并及时安排和调整旅游计划。简单地说，就是游客与网络实时互动，让行程安排进入触摸时代。

综合各方对智慧旅游的理解，智慧旅游是在信息技术发展的基础上，以游客互动体验为中心，通过现代信息技术和旅游服务、旅游管理、旅游营销的融合，使旅游资源和旅游信息得到系统化整合和深度开发应用，并服务于公众、企业和政府的旅游信息化发展新模式。它包括三个层面的意思：

1. 技术层面

智慧旅游重视对物联网、云计算、下一代通信技术（5G 技术）等新信息技术的应用，但并不是简单地采用新信息技术，而是将新信息技术和旅游行业发展紧密结合，实现旅游服务、旅游管理和旅游营销的差异化。因此，智慧旅游是以云计算为基础，以移动终端应用为核心，以感知互动等高效信息服务为特征的旅游信息化发展新模式。

2. 服务层面

智慧旅游以服务游客为核心，注重和游客的互动，在满足多数使用成熟技术的游客的基础上，兼顾那些关注新技术应用的旅游人群。技术运用开发要贴近游客，以满足游客方便、快捷的使用为核心。

3. 开发建设层面

智慧旅游开发与建设是建立在旅游信息化的基础之上的。通过引入新信息技术，提升旅游信息化的整体水平和服务能力，是旅游信息化发展的新阶段和发展方向。智慧旅游是一个动态的建设过程，将随着旅游业和信息技术的发展而发展。智慧旅游从业人员利用信息化技术整合旅游资源，为旅游者量身定制并提供高度契合其需求的旅游产品。智慧旅游的三大关键就是数据化、旅游者互联化和智能化，能够做到全面感知、全面传输和人性处理。

（五）智慧旅游的特点

智慧旅游的特点包括：

1. 全面物联

智能传感设备将旅游景点、文物古迹、宾馆酒店、城市公共设施等物联成网，实时感知旅游产业链上下游运行的核心系统。

2. 充分整合

实现全市（全地区）景区、酒店、餐馆、交通站点等设施的物联网与互联网系统完全连接和融合，将数据整合为旅游资源核心数据库，提供智慧的旅游服务基础设施。

3. 协同运作

基于智慧的旅游服务基础设施，实现旅游产业链上下游各个关键系统和谐、高效地协作，达到城市旅游系统运行的最佳状态。

4. 激励创新

鼓励政府、旅游企业和旅游者在智慧的旅游服务基础设施之上进行科技、业务和商业模式的创新应用，为城市提供源源不断的发展动力。

在信息技术取得突破性进展的背景下，国内外的旅游信息化建设正不断向纵深发展。一方面，旅游信息化已经进行到一定的程度，旅游行业各个领域的信息采集与存储具备了相当的规模，借助新技术的加持，积累的信息资源有可能集中发挥优势；另一方面，随着网络与通信技术、传感器技术、RFID 技术、云计算技术的发展，未来信息化呈现新的发展方向和发展模式，使得旅游信息的精确采集、旅游信息的资源化应用成为可能。

（六）智慧旅游的体系

智慧旅游的开发与建设体系体现在旅游服务、旅游管理和旅游营销的三个层面。智慧旅游不仅能提高旅游企业运营效益，而且能改善旅游者的满意度，实现政府、企业、旅游者三方利益的最大化。智慧旅游的“智慧”体现在旅游服务的智慧、旅游管理的智慧和旅游营销的智慧三大方面。

1. 旅游服务的智慧

在传统服务业中经常会提到“个性化服务”，也就是以人为本，为消费者全心全意地提供优质的服务，给消费者以人文关怀，从而有效地提高消费者的服务满意度，进而增加企业的客户满意度，最终达到提高企业效益的目的的服务。这种个性化服务具体到形式上就是在环境、产品和服务流程上替客户着想，考虑人与人之间的差异性而提供有针对性的服务，并充分尊重和保护人的隐私。智慧的旅游服务，即通过新的技术手段，让这种个性化服务在游客的旅游过程中得以体现，从而提高游客的满意度，即从游客出发，通过信息技术来提升旅游体验和旅游品质。

游客在旅游信息获取、旅游计划决策、旅游产品预订支付、享受旅游和回顾评价旅游的整个过程中都能感受到智慧旅游带来的全新服务体验。通过科学的信息组织和呈现形式，智慧旅游让游客方便、快捷地获取旅游信息，帮助游客更好地安排旅游计划并形成旅游决策。基于物联网、无线技术、定位和监控技术，智慧旅游可以实现信息的传递和实时交换，让游客的旅游过程更顺畅，提升旅游的舒适度和满意度，为游客带来更好的旅游安全保障和旅游品质保障。为游客提供智慧旅游服务，主要是要建立完善的智慧旅游公众服务体系，智慧旅游公众服务体系就是要通过各种信息传播媒介和服务咨询通道，向游客提供全面的、立体的旅游信息和旅游咨询服务，并整合旅游服务商的产品和资源，为游客提供全面的预订服务和周到的旅游接待服务。

智慧旅游还将推动传统的旅游消费方式向现代的旅游消费方式转变，并引导游客产生新的旅游习惯，创造新的旅游文化。我国旅游业进入消费升级时代，用户成为旅游平台关注的重点，以 OTA 电商为主的传统入口更侧重于需求已定的情况下，对旅游消费进行引导；小红书、抖音等社区和内容平台则以人为核心，通过多样化内容“种草”，引发不同人群不同场景下的消费兴趣和需求，完成消费引导。

2. 旅游管理的智慧

旅游业对信息具有很强的依赖性，智慧旅游依托信息技术，主动获取游客信息，形成游客数据积累和分析体系，全面了解游客的需求变化信息，帮助旅游管理者对旅游市场进行分析和预测，从而有针对性地制定相关政策，采取相应措施，并在信息技术的支持下实现对旅游业的宏观调控和微观管理。智慧的旅游管理是适应信息时代快速变化的必然选择，它将实现传统旅游管理方式向现代管理方式转变，通过信息技术，可以及时、准确地掌握游客的旅游活动信息和旅游企业的经营信息，实现旅游行业监管从传统的被动处理、事后管理向过程管理和实时管理转变。

智慧旅游将通过与公安、交通、工商、卫生、质检等部门形成信息共享和协作联动，结合旅游信息数据形成旅游预测预警机制，提高应急管理能力，保障旅游安全，实现对旅游投诉以及旅游质量问题的有效处理，维护旅游市场秩序。旅游企业及相关部门可依托智慧旅游全面了解游客的需求变化、意见建议以及旅游企业的相关信息，实现科学决策和科学管理。智慧旅游还鼓励和支持旅游企业广泛运用信息技术，改善经营流程，提高管理水平，提升产品和服务竞争力，增强游客、旅游资源、旅游企业和旅游主管部门之间的互动，高效整合旅游资源，推动旅游产业整体发展。旅游管理的智慧主要体现在数据采集实时化、行业监管过程化、分析过程自动化和信息公开便捷化四个方面。

3. 旅游营销的智慧

智慧的旅游营销并不是放弃传统的旅游营销，而是在传统旅游营销的基础上，依托大数据、云计算、人工智能等新技术，通过旅游舆情监控和数据分析，挖掘旅游热点和游客兴趣点，引导旅游企业策划相应的旅游产品，制定对应的营销主题，从而推动旅游行业的产品创新和营销创新。智慧旅游通过量化分析和判断营销渠道，筛选效果明显、可以长期合作的营销渠道，同时充分利用新媒体传播特性，吸引游客主动参与旅游传播和产品营销，并通过积累游客数据和旅游产品消费数据进行旅游营销决策。

思考与练习

1. 利用旅游资源分类的知识来划分我国世界遗产。
2. 思考和分析智慧旅游的发展趋势。

任务二 认知传统导览

任务内容

1. 了解传统导览的内容；
2. 掌握旅游导示的内容。

传统导览是一种线下的导览形式，主要基于传统设施和人员服务开展引导游览等旅游服务。从使用者角度，传统导览主要包括旅游导示、传统导游两种基本形式。

一、旅游导示

旅游导示主要借助旅游导示标识系统来进行导览。旅游导示标识系统主要包括外部旅游标识和内部旅游标识两类。

（一）外部旅游标识

外部旅游标识是为吸引和指引人们从高速公路或其他道路上前往旅游景区，在通往旅游景点的路口设置的指示标志，使旅游者能方便地识别通往旅游景区的方向和距离，了解旅游项目的类别。外部旅游标识分为旅游指引标识和旅游符号标识两类，颜色为棕底、白字（图形）、白边框、棕色衬边。

1. 旅游指引标识

旅游指引标识通常包括景区（点）标识、中文名称、英文名称、指向和距离五要素（见图 2-1）。

图 2-1　旅游指引标识示意图

2. 旅游符号标识

旅游符号标识具体参见《公共信息图形符号 第 2 部分：旅游休闲符号》（GB/T 10001.2—2021），见附录二（该国家标准封面见图 2-2、目录索引见图 2-3）。

（二）内部旅游标识

内部旅游标识包括全景图、导览图、指示牌、景物介绍牌、警示牌及公共信息符号

（通用符号）等其他导示牌，主要用于景区（场馆）等场所内部导示。

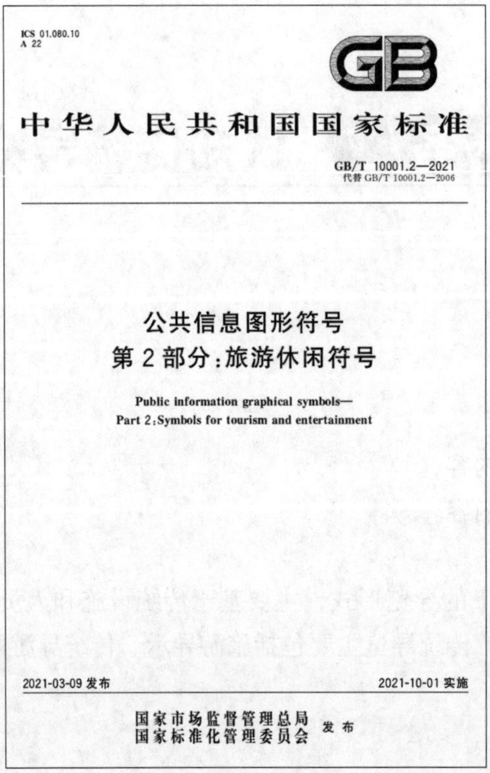
ICS 01.080.10
A 22

GB

中华人民共和国国家标准

GB/T 10001.2—2021
代替 GB/T 10001.2—2006

公共信息图形符号
第2部分：旅游休闲符号

Public information graphical symbols—
Part 2: Symbols for tourism and entertainment

2021-03-09 发布　　2021-10-01 实施

国家市场监督管理总局
国家标准化管理委员会　发布

图 2-2 《公共信息图形符号 第 2 部分：旅游休闲符号》国家标准封面

中文含义	图形符号	序号	中文含义	图形符号	序号	中文含义	图形符号	序号	中文含义	图形符号	序号
旅游服务		01	古城		21	观景望远镜		40	自然保护区		59
团队服务		02	古镇		22	观景		41	城市观光车		60
送餐服务		03	古塔		23	热气球		42	浏览车		61
叫醒服务		04	古桥		24	登山避难处		43	游船		62
清洁服务		05	道观		25	房车营地		44	脚踏船		63
洗衣		06	佛寺		26	露营地		45	电动船		64
淋浴		07	教堂		27	营火		46	观光船		65
男淋浴		08	清真寺		28	度假村		47	沙滩车		66
女淋浴		09	度假村		29	山峰		48	观光自行车		67
温泉浴		10	陵园		30	雪山		49	小型封闭式缆车		68
桑拿浴		11	大型游乐场		31	冰川		50	椅式空中缆车		69
足浴		12	风景区		32	峡谷		51	单椅式空中缆车		69
按摩		13	露天浴场		33	山洞		52	双椅式空中缆车		70
舞厅		14	水上乐园		34	河流		53	滑雪索引索		71
歌厅		15	海洋公园		35	瀑布		54	陡坡滑雪牵引索		72
棋牌		16	海洋馆		35	湖泊		55			
视频播放		17	水族馆		36	湿地		56			
电子游戏		18	鸟类栖息地		37	海滩		57			
商务中心		19	大坝		38	林地		58			
名胜古迹		20	喷泉		39	森林		58			

图 2-3 《公共信息图形符号 第 2 部分：旅游休闲符号》目录索引

1. 全景图

全景图是通过广角的表现手段以及绘画、图片、视频、三维模型等形式，尽可能多地表现出周围的环境。随着网络技术的快速发展，为了给游客带来更好的体验，出现了360度全景，它是通过对专业相机捕捉整个场景的图像信息或者使用建模软件渲染过后的图片，使用软件进行图片拼合，并用专门的播放器进行播放，即将平面照片或者计算机建模图片变为360度全景，用于虚拟现实浏览，把二维的平面图模拟成真实的三维空间，呈现给游客。

旅游全景图需要标识出主要旅游吸引物及旅游公共服务设施的位置，包括旅游集散中心、旅游主题线路、旅游风景道、旅游景点、乡村旅游点、重要城市游憩区（点）、旅游厕所、高速公路出入口、停车场等，并明示咨询、投诉、救援电话等。在旅游集散中心位置显著处、重要通景旅游公路入口处、核心旅游吸引物入口处、核心城市休闲商业街区等游客主要集散场所，须配套设置全景图或下载二维码服务，为游客提供全域旅游信息服务。在旅游景区、旅游度假区、旅游风景道、城市绿道、旅游休闲道以及其他城市或乡村旅游新业态集聚区等核心旅游吸引物入口位置显著处，须设置旅游全景图。杭州西湖景区全景图如图2-4所示。

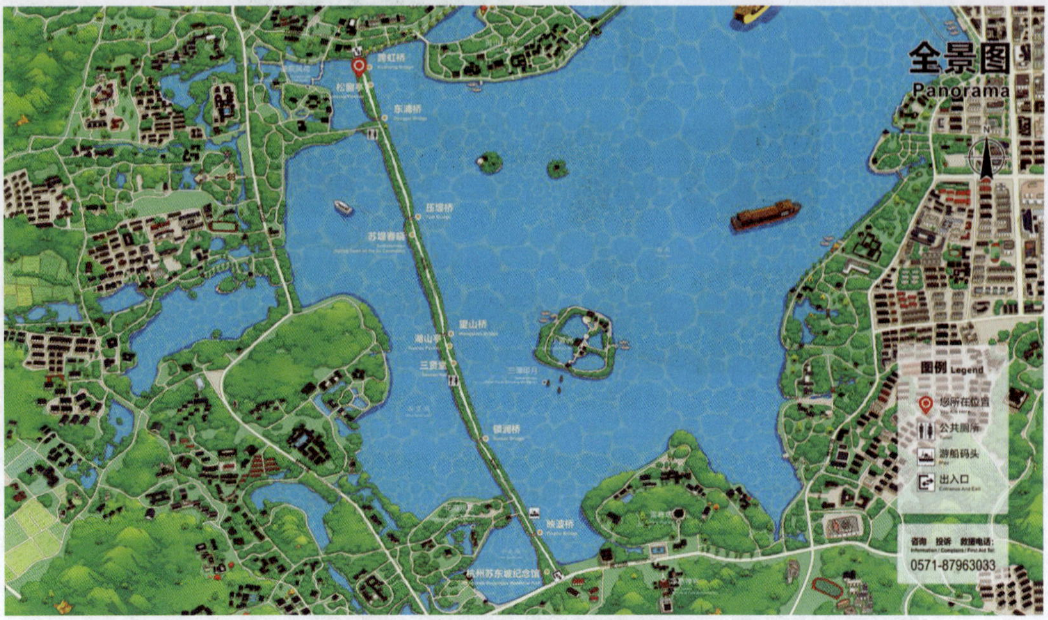

图2-4　杭州西湖景区全景图[①]

2. 导览图

导览图所包含的信息非常丰富，不仅在功能上要满足引导游客进行各项游览的需求，还要烘托景区氛围，是体现景区文化的重要载体。导览图可分为一级导览图和二级导览图。一级导览图提供所在位置周边500米范围内的旅游景点和公共设施以及出口方向，

---

① 图2-4至图2-13由浙江朗域视觉科技有限公司提供。

二级导览图可以为游客提供所在位置的单个旅游景点和周围的公共设施。导览图一般不需要以三维立体方式呈现，可以是平面图，主要作用在于为游客提供指示，显示旅客的当前位置信息，一般会在重要节点设置多块导览图（见图 2-5 至图 2-7）。

图 2-5　杭州西湖景区导览图

图 2-6　博鳌东屿岛旅游度假区导览图标识牌

图 2-7　博鳌东屿岛旅游度假区导览图

3. 指示牌

指示牌（见图 2-8、图 2-9）是从游客角度出发，对景区内各个景点、公共设施及服务设施的方位及线路指示，包括方位指示牌与场所标识牌。指示牌有利于提高景区的服务效率。

图 2-8　杭州西湖景区指示牌

图 2-9　博鳌东屿岛旅游度假区指示牌

4. 景区介绍牌

景区介绍牌（见图 2-10、图 2-11）是对景区的概况、文物、特色信息进行介绍的一个载体，便于游客在短时间内对景区景点进行了解。

5. 警示牌

警示牌（见图 2-12、图 2-13）是主要是对游客进行安全提示和行为禁止的旅游标识。

6. 公共信息符号（通用符号）

公共信息符号（通用符号）是以图形、色彩和文字、字母等或者其组合，表示公共区域、公共设施的用途和方位，提示和指导人们行为的标志物。作为一种通用的“国际语言”，其使用状况可以体现出一个城市的文明程度和管理水平。公共信息符号能方便人们的出行、交流，是一种非商业行为的符号语言，存在于生活的各个角落，为人类社会造就了无形价值，其意义和价值不同于企业标志。公共信息符号（通用符号）具体参见《公共信息图形符号 第1部分：通用符号》（GB/T 10001.1—2012），见附录一（其封面见图2-14）。

图2-10 杭州西湖景区介绍牌

图2-11 博鳌东屿岛旅游度假区景区介绍牌

图2-12 博鳌东屿岛旅游度假区警示牌（安全提示）

图 2-13　博鳌东屿岛旅游度假区警示牌（行为禁止）

除了上述全景图、导览图、指示牌、景物介绍牌、警示牌、公共信息符号（通用符号）等主要导示标识，内部旅游标识还包括停车场制度牌、路面指引标识等，这些标识也起到一定的导示（提醒）作用。

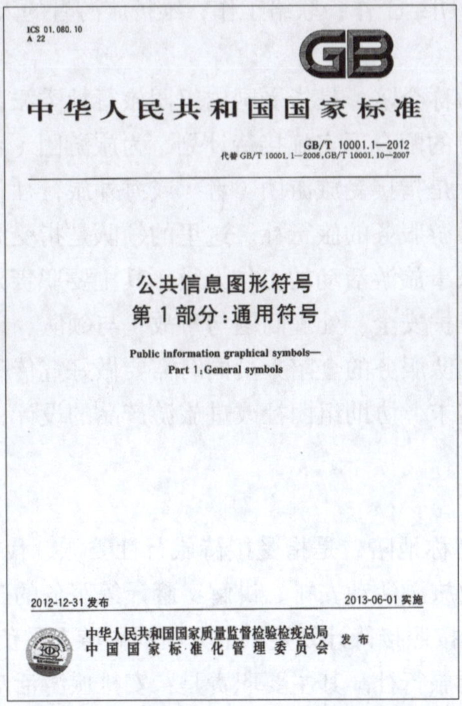
ICS 01.080.10
A 22

GB

中华人民共和国国家标准

GB/T 10001.1—2012
代替 GB/T 10001.1—2006,GB/T 10001.10—2007

公共信息图形符号
第 1 部分:通用符号

Public information graphical symbols—
Part 1:General symbols

2012-12-31 发布　　2013-06-01 实施

中华人民共和国国家质量监督检验检疫总局
中国国家标准化管理委员会　发布

图 2-14 《公共信息图形符号　第 1 部分：通用符号》国家标准封面

二、传统导游

传统导游是指依托导游人员引导游览。导游主要分为中文导游和外语导游，其主要工作内容是让游客感受景观之美，导览过程中给予游客食、住、行、游、购、娱等各方面的帮助，并且解决游客旅游途中可能出现的问题。我国对导游执业实行许可制度，从事导游执业活动的人员应当通过全国统一的导游资格考试。考试合格者由国务院旅游行政管理部门委托省、自治区、直辖市人民政府旅游行政部门颁发导游人员资格证书，取得导游人员资格证方可从事导游执业活动。目前，导游通常挂靠在旅行社或集中到专门的导游服务管理机构。2018 年 1 月 1 日起正式施行《导游管理办法》，深化了导游体制改革，保障导游合法权益，更加规范了导游的执业行为，如导游执业过程中不得出现擅自变更行程、诱骗或强迫消费等违法违规行为。

（一）导游的分类

导游人员按业务范围划分，分为海外领队、全程陪同导游人员、地方陪同导游人员和景点景区导游人员。

1. 海外领队

海外领队是指经国家旅游行政主管部门批准可以经营出境旅游业务的旅行社的委派，全权代表该旅行社带领旅游团从事旅游活动的工作人员。海外领队是旅行社的代表，也是旅游团的领导和代言人。其主要职责是：介绍情况、全程陪同；落实旅游合同，监督旅游计划的实施；组织、团结工作；联络工作；维护旅游者的人身和财物安全。

2. 全程陪同导游人员

全程陪同导游人员简称全陪，是指受国内组团旅行社委派，作为组团社的代表，在领队和地方陪同导游人员的配合下实施接待计划，为旅游团（者）提供全程陪同服务的导游人员。这里的组团社是指接受旅游团（者）或海外旅行社预订，制订和下达接待计划，并可提供全程陪同导游服务的旅行社。这里的领队是指受海外旅行社委派，全权代表该旅行社带领旅游团从事旅游活动的工作人员。其主要职责是：实施旅游计划；联络工作；组织协调工作；维护安全、处理问题与事故；与领队、地陪一起维护旅游者的人身和财务安全；为境外团队服务的全陪人员同时需要做好宣传和调研工作，及时了解国外旅游企业和旅游者的需求，协助组团社改进旅游产品的设计，开发更加适销对路的旅游产品。

3. 地方陪同导游人员

地方陪同导游人员简称地陪，是指受接待旅行社委派，代表接待社实施接待计划，为旅游团（者）提供当地旅游活动安排、讲解、翻译等服务的工作人员。这里的接待社是指接受组团社的委托，按照接待计划委派地方陪同导游人员负责组织安排旅游团（者）在当地参观游览等活动的旅行社。其主要职责是：安排旅游活动；做好接待工作；导游讲解和翻译；维护安全、处理问题等。

4. 景点景区导游人员

景点景区导游人员亦称讲解员，是指在某一旅游景区（景点）内，负责为旅游团（者）进行导游讲解服务的导游人员，如博物馆、自然保护区等为游客进行导游讲解的工作人员。其主要职责是导游讲解和安全提示。

（二）导游的附属职能

传统导游在导览层面不仅承担引导游客游览职能，还承担其他一些附属职能，导购便是导游人员的一项附属职能。导游人员部分承担了导购员的角色。从字面上讲，导购是引导并促成游客购买的过程，游客进入店内往往存有不少疑问，阻碍购买行为的实现，导购员解除了游客心理的种种疑虑，帮助游客实现购买。移动互联网时代的智慧导览通常通过信息流量引导消费从而实现商业价值，传统导游形式亟须转型升级，导游人员应具备互联网思维。

……思考与练习……

1. 阐述传统导览的内容。
2. 阐述旅游导示的内容。

任务三 认知智慧导览

任务内容

1. 掌握智慧导览的概念和功能；
2. 掌握智慧导览的体系结构；
3. 了解智慧导览的对象；
4. 了解传统导览和智慧导览的优劣势及区别。

一、智慧导览概述

智慧导览是信息技术在导游导览活动过程中的集成创新和应用创新，是基于新一代信息技术，为满足游客个性化需求而提供的高品质、高满意度的导游导览服务。智慧导览系统主要是为游客提供智能化的自助服务，通过电子导览硬件设备和后台中央数据库所形成的网络控制系统，以音频、视频、图片、文字等为主要呈现方式，将旅游信息展示给游客，解决客流引导、信息滞后、游玩向导等多方面问题，依托大数据及智能化终端设备为游客提供出行前、出行中、出行后的服务，优化游客游玩的体验感。目前，很多智慧旅游城市在景区配备可触摸式台式导航设备，游客可以通过点击感兴趣的对象（景点、票务、车站、酒店、餐馆、娱乐等）获得其位置、文字、图片、视频、使用者的评价等相关信息，深入了解兴趣点的详细情况。另外，部分景区配备了便携式耳机为游客提供讲解，智慧导览的目标则是实现游客无须租用类似设备，可以选择性地寻求景点讲解，利用手中的便携式智能终端设备，如智能手机、平板等移动设备，扫码与后台联网，自主获取该景点的详细讲解，包括文字、图片、视频和 3D 虚拟现实等。总的来说，智慧导览是一种线上的导览形式，是智慧旅游的重要组成部分。从使用者的角度出发，智慧导览的功能包括导航、导游、导览和导购。

（一）导航

一般而言，导航分为陆地导航、海洋导航、航空导航和空间导航。智慧导览的导航功能主要指的是陆地导航，是将基于位置的服务（Location Based Services，LBS）加入旅游信息中，让旅游者随时知道自己的位置。确定位置的方法有很多种，如 GPS 导航、基站定位、Wi-Fi 定位、RFID 定位、地标定位及图像识别定位等。其中，GPS 导航和 RFID 定位能获得精确的位置，但 RFID 定位不仅需要布设很多识别器，而且需要在移动终端上（如手机）安装 RFID 芯片，离实际应用还有很大的距离。GPS 导航应用则要简单得多，智能手机上都有 GPS 模块，通过蓝牙的方式与 USB 接口 GPS 导航模块连接，就可以让笔记本电脑和平板电脑具备导航功能。将 GPS 模块接入电脑，可以将互联网和 GPS 导航完美地结合起来，从而实现移动互联网导航。

传统的导航仪无法做到实时更新，更无法查找大量的最新信息，未能充分发挥互联网与智能手机的作用。智慧导览将导航和互联网整合在一个界面中，地图来源于互联网，而不是存储在终端上，无须经常对地图进行更新。当 GPS 确定位置后，最新路况信息将实时更新，如交通拥堵状况、交通管制、交通事故、限行、停车场及车位状况等。除此之外，智慧导览系统还会提供其他相关信息（如高德地图的附近功能、订酒店、车主服务、足迹、打车服务等）。导航互联网化是必然的发展趋势，通过内置或外接的 GPS 设备 / 模块，使用已经连上互联网的设备在运动中的汽车上进行导航，位置信息、地图信息和网络信息都被显示在一个界面上，随着位置的变化，各种信息会及时更新，并主动显示在网页上和地图上，体现出直接、主动、及时和方便的特征。

在高德地图（见图 3-1）或百度地图 App 中，用户选择一个出发点和一个终点就可以查寻路线，通常情况下 App 会提供几条路线供用户选择，用户可以根据需求从中挑选一条方便、快捷的路线。凭借这些 App，智慧导览能够为游客提供从出发地到景点、酒店、餐馆、车站等的最佳路线建议，游客只需要借助便携式智能终端设备就可以随时随地地获知该类信息。

（二）导游

智慧导览中的导游功能主要指外部引导游览服务，其突破了传统导游的范畴，依托人工智能技术，能够为游客提供三维实景导游、旅游攻略、语音讲解、地图导航等贴心、便捷的导游服务，使游客能够不依赖于传统导游人员，自由选择行程及路线，提升游客在食、住、行、游、购、娱每个旅游消费环节中的附加值，使游客在旅游前、旅游中、旅游后都能够轻松地获取资讯、规划出行、预订票务、安排食宿、消费支出等，极大地改善了游客的旅游体验，使游客能实时了解各种信息，真正做到不用做功课，背起行囊去旅游。智慧导览时代的到来，不仅降低了游客出行时获取导游服务的成本，也大大提升了游客旅游体验的获得感。

智慧导览中的导游功能最显著的特征是能够给游客提供海量的实时需求信息，基于游客定位，在网页上和地图上会显示周边的旅游信息，包括景点、酒店、餐馆、娱乐场所、车站、活动（地点）、朋友 / 旅游团友等的位置和信息，如景点的级别，酒店的星级、价格范围、剩余房间数，活动（演唱会、体育运动、电影）的地点、时间、价格范围，餐馆的口味、人均消费水平、优惠活动等。智能导览中的导游服务可根据用户位置自动提供景点讲解，同时还可以提供 AR 扫描讲解、景点问答等功能，涵盖背景知识、风土人情等。对游客而言，通过智能导览中的导游服务可以摆脱对传统导游的依赖，满足自身旅游个性化、深度化的需求，在现代科技的帮助下，享受高度自主的自由行体验。

图 3-1 高德地图导航功能

（三）导览

智慧导览中的导览功能主要指内部引导游览服务，其突破了传统景区景点讲解员的范畴，依托新技术为游客提供线上语音讲解、内部地图导航等贴心、便捷的导览服务，为游客提供详细的实时需求信息，游客只需点击（触摸）感兴趣的对象，就可以获取关于兴趣点的海量信息，这些信息包括文字介绍、位置、图片、视频、使用者的评价等，从而深入了解兴趣点的详细情况。

延伸阅读 小鹿导游

小鹿导游是一款语音导游软件，由杭州麦扑文化创意有限公司于2015年推出，集图、文、声、形于一体，专为旅游爱好者提供服务。小鹿导游结合生动、直观、精准的手绘地图以及多样化的GPS语音导览等特色和优势，为游客解决旅游途中的路线、景点讲解等问题，其主要特色如下：

1. 微定位智能导览，实时定位跟踪；

2. 个性化旅游路线，在景区推出的官方路线的基础上，让其他导游、讲解员或旅游达人创造新的路线，丰富游览路线内容；

3. 手绘地图形象、直观，能生动、活泼地展现景区特色，并能与传统地图匹配，精准定位；

4. 语音导游讲解，让最了解景区的人讲解景区故事，充分体现本地文化特色，打造人人游生态；

5. 自动导航，基于高德地图的精准导航；

6. 景区详情介绍（景区位置、开放时间、门票购买、行程优化）；

7. 通过详尽的文字描绘、个性化服务，帮助游客更好地体验景点的文化内涵，使游客对景点的了解更加深刻；

8. 景区周边信息点切换功能，上方菜单栏便于操作，滑动更方便，体验更便捷，用不同标志显示讲解、餐饮、住宿、购物、卫生间、停车场、游客服务，针对性强，易查找。

（四）导购

智慧导览中的导购功能（见图 3-2）主要指通过流量引入进行产品和服务的销售，是智慧导览商业模式的根本所在。随着新型营销工具升级，导购的角色正在潜移默化中发生新的转变，新零售和“社交 + 电商”的兴起让导购成为品牌新的流量入口。进入新零售时代，导购的工作内容逐渐发生了改变。随着智慧导览的发展和成熟，很多传统导购带来的诟病得以解决。由于移动互联网摆脱了时间和空间的限制，因此游客可以随时随地进行预购，他们经过全面而深入的在线了解和分析，明确需求之后可以直接在线预订，只需在网页界面上对感兴趣的产品和服务点击“预订”按钮，即可进入预订模块，预订不同档次和数量的产品和服务。

图 3-2 高德地图中导购功能界面

二、智慧导览的体系结构

智慧导览的体系结构主要从应用层面来构建，根据旅游者出行逻辑次序可分为智慧旅游营销导览和智慧旅游目的地导览两个维度。

（一）智慧旅游营销导览

智慧旅游营销导览是利用大数据、云计算、物联网等新技术，通过大数据分析以及时下热门，挖掘游客兴趣点，制定对应的营销主题，策划对应的旅游产品，借助便携的终端上网设备吸引游客主动参与旅游的传播和营销，扩大了营销的广度和深度，从而实现销售上的突破。根据游客所处位置，提供食、住、行、游、娱、购营销服务及活动的推荐，实现精准营销，改善游客体验，降低运营成本，实现销售最大转化率。智慧旅游营销导览的关键在于利用新技术提升企业的营销效率和效果，以及游客购买旅游产品的满意度和便捷度。

（二）智慧旅游目的地导览

智慧旅游目的地导览是帮助目的地（景区）为游客提供智能化导览服务，通过电子导览硬件设备和后台中央数据库所形成的网络控制系统，以音频、视频、图片、文字等为主要呈现方式，将目的地（景区）信息展示给游客，解决客流引导、信息滞后、游玩向导等问题，从全局帮助目的地（景区）进行智慧化导流，避免旅游景点、路线拥堵等问题的出现，优化游客游玩体验。

同时，随着大众旅游时代的到来，自驾游和自由行等自助出行方式日益受到游客的青睐。智慧旅游目的地导览利用物联网、云计算、下一代通信网络、高性能信息处理、智能数据挖掘等新技术，提前获取旅行沿途中的相关数据（如人流、车流拥堵数据、道路状况、天气等）并进行智能分析，通过便携终端上网设备如手机，将相关信息第一时间告知游客，以便游客及时安排和调整旅行计划。

三、智慧导览的对象

智慧导览的参与对象主要包括行业主管部门、建设运营主体、旅游 IT 服务提供商、游客等。从智慧导览的产生到消费的各环节来分析，这些对象既有供给者和需求者之分，也有建设者和使用者之分，更有管理者和被管理者之分。智慧导览的对象从具体形式上主要包括政府、企业、游客和目的地居民等，从逻辑上主要包括建设主体和应用客体。

（一）智慧导览建设主体

智慧导览建设主体主要是指供给方。鉴于智慧导览的复杂性，智慧导览建设主体包括旅游行业主管部门、建设运营主体和旅游 IT 服务提供商（见图 3-3）。

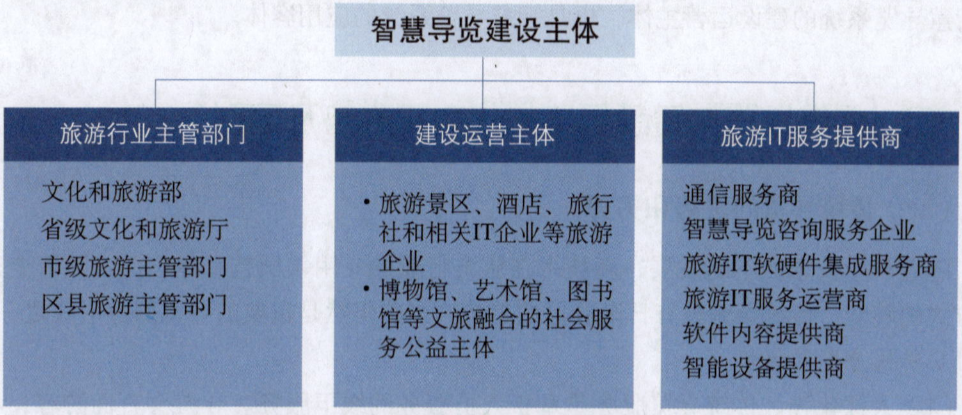

图 3-3 智慧导览建设主体类别

1. 旅游行业主管部门

旅游行业主管部门是指国家各级旅游行政管理部门，它们是智慧导览建设的牵头组织者，主要进行智慧导览建设、运营以及服务的全程监管、资源整合和整体统筹工作，并通过积极、有效的引导形成旅游的整体发展合力。旅游行业主管部门在智慧导览建设中的主要职责在于制定宏观政策、编写智慧导览技术要求规划以及进行具体项目实施中的行业监管。通常情况下，旅游行业主管部门不会实质性参与到具体的项目建设中。

2. 建设运营主体

建设运营主体不仅包括旅游景区、酒店、旅行社和相关 IT 企业等旅游企业，还包括博物馆、艺术馆、图书馆等文旅融合的社会服务公益主体。旅游企业通过智慧导览建设来提升企业的运营水平和智能化程度，降低运营成本，提升企业经营绩效。社会服务公益主体通过智慧导览建设来提升其综合服务水平。

3. 旅游 IT 服务提供商

旅游 IT 服务提供商是具体执行智慧导览建设的企业。智慧导览建设需要多家企业协同配合完成，包括通信服务商、智慧导览咨询服务企业、旅游 IT 软硬件集成服务商、旅游 IT 服务运营商、软件内容提供商和智能设备提供商等。

（二）智慧导览应用客体

智慧导览的应用（服务）客体主要是指需求方，即智慧导览的具体应用者，主要包括游客和建设运营主体两个对象。

1. 游客

游客是智慧导览最重要的应用客体。游客通过智慧导览服务终端快速获取旅游资讯和旅游产品相关信息，同时科学制定旅游行程，享受行程中的智能化服务，有效防范旅游风险等。

2. 建设运营主体

旅游企业和社会服务公益主体等建设运营主体通过智慧导览系统来保障企业精准化营销、优化游客服务体验、提升运营效率和经济效益。旅游企业和社会服务公益主体既是智慧导览系统的建设运营主体，也是智慧导览系统的应用客体。

四、传统导览与智慧导览的优势和劣势及区别

（一）传统导览的优势和劣势

随着科学技术的不断发展，新技术在旅游行业的应用领域越来越广泛。随着个人出行方式的转变，传统导览虽有日渐衰退的趋势，当前仍然是重要的导览服务形式之一。

1. 传统导览的优势

（1）人性化强。传统导览服务是基于人员服务的线下服务。导游会直面游客，导游和游客间可以有一定情感交流和直接沟通与交流，导游可以随时解答游客的疑惑，时时洞察游客的行为举止和情绪波动，提供有针对性的人性化服务。

（2）互动性强。传统导览服务注重的是面对面的沟通与交流，互动性强，特别对于那些平时生活比较孤独的老年游客，面对面的沟通与交流显得尤为重要。

2. 传统导览的劣势

人员服务的标准不够一致，且对于旅游企业来说，人员管理以及人员劳务成本较高。

（二）智慧导览的优势和劣势

智慧导览并不是要完全放弃传统的导览服务，而是利用更先进、更智能的设备提供更全面、更有个性化的导览服务。与传统导览相比，智慧导览服务的呈现样式更加多样化、信息量更加丰富、过程更加生动、游客的体验感更强、技术手段更加智慧。

1. 智慧导览的优势

（1）噪声污染小。智慧导览系统通过终端设备以图文、视频或音频的方式将信息呈现给游客，游客只需要佩戴耳机，这样大大降低了景区的噪声污染。传统导游在讲解的过程中声音此起伏伏，相互影响，会产生较大的噪声污染。

（2）语言优势。智慧导览系统可以设置多种语言，有助于来自不同国家和地区的游客了解更多的资讯，解决了其语言障碍的问题。当前很多景区有一定的小语种导游可以选择，但费用较大，大部分旅游景点缺少小语种导游。

（3）服务质量稳定。对于景区来说，智慧导览能够避免由于导游个人因素带来的服务质量不稳定性，为游客提供更加标准、全面、客观的服务。传统的导游导览服务过程中易受到环境、游客和导游个体身体状况的影响，服务质量相对不稳定。

2. 智慧导览的劣势

（1）个性化需求难以满足。目前市面上大多数景区和场馆的智慧导览版本都是标准化的，千篇一律，对游客的个性需求无法把握。

（2）情感互动性缺失。智慧导览终端基本上都是自动语音播放，随着科技的不断进步，人机之间可以进行简单互动，但是在情感互动上远不及传统导览服务。

（3）智慧导览开发技术难度大，前期研发资金投入量大，覆盖面较窄。

（三）传统导览与智慧导览的区别

传统导览与智慧导览并不对立，而是相辅相成，二者的区别主要体现在以下三个方面：

（1）传统导览是一种线下服务，智慧导览是一种线上服务；

（2）传统导览有情感交流，智慧导览缺乏人文温度；

（3）传统导览效率较低、对人员服务要求较高，智慧导览效率高、科技含量高、展现形式多样、资金投入较大。

……思考与练习……

1. 阐述智慧导览的功能。

2. 阐述智慧导览的体系结构。

项目二

智慧营销导览

项目概述

随着互联网快速发展，游客获取信息的渠道不断增加，信息不对称正在逐渐消除。虽然旅游信息不对称依然存在，但是越来越多的游客在出行之前能够通过搜索引擎、旅游网站、各类旅游终端等获得足够的旅游信息，并且越来越多的游客有能力自己安排旅游行程。如果把旅游服务分为售前服务、售中服务和售后服务的话，传统旅行社的优势在售前服务，旅游信息不对称是传统旅行社以往取胜的主因，而互联网旅游企业的优势在售中服务和售后服务。随着旅游信息化的快速普及，旅行社的售前服务优势会逐渐消失。

无论是线上还是线下，旅游企业如果想在万事互联的网络时代继续乘风破浪，就必须紧跟时代步伐，加快互联网布局，借助物联网、云计算、5G技术、高性能信息处理、智能数据挖掘等技术强化旅游产品研发、旅游体验、旅游营销等方面的应用，充分了解游客获取旅游信息和参与信息传播的习惯和方式，紧跟新兴媒体发展，从而设计更能吸引和打动游客的产品。

本项目结合智慧旅游的时代特征，分别从产品、价格、渠道、促销四个方面探讨智慧营销导览策略，旨在为新形势下旅游企业的营销工作提供新的思路。

知识目标

1. 熟悉智慧导览产品的种类；2. 掌握智慧定价的方法；
3. 掌握智慧渠道的分类；　　4. 掌握智慧促销的分类。

技能目标

1. 学会利用智慧定价方法对旅游产品进行定价；
2. 学会利用智慧渠道策略进行旅游产品渠道开发；
3. 学会利用智慧促销策略进行旅游产品促销。

素养目标

1. 能够独立自主地学习智慧营销的相关前沿知识；
2. 能够结合当下智慧营销的前沿知识开展营销实践。

任务四 认知智慧导览产品

任务内容

1. 了解移动互联网时代游客的新特征；
2. 掌握智慧导览产品及其分类。

2010年以来，智慧城市的实践探索在世界各地展开，智慧旅游不仅意味着高效的智能化服务和管理，还意味着产业链的拓宽和延伸，其加速了新技术与日常生活的紧密融合，带领人们向更智能、更舒适的生活方式迈进，各国政府和企业认识到智慧旅游蕴含的巨大机遇，纷纷开始积极推动智慧旅游发展。

我国旅游业已经逐步由传统的人工、纸质管理向电子旅游和数字旅游过渡。随着在线旅游和信息技术的发展，旅游产业发展要求有更高的自由度、更强的个性化、智能的协同化和动态的信息共享，旅游信息化建设呈现智能化、应用多样化的发展趋势，现代信息技术和智能化应用已交叉渗透到旅游行业的各个领域，全面智慧旅游时代已经来临。智慧旅游越来越受到游客、政府及旅游企业的重视，并成为旅游产业转型升级的发展方向。

在这个碎片化时代，人们习惯在不同的屏幕、不同的时间、不同的地点进行各种各样的活动。人们的注意力不断被割裂，形成了碎片化记忆，这让他们无法在某一个场景中对某一个产品产生深刻的印象。如何在信息碎片化时代塑造用户热衷互动的场景，是未来旅游企业需要思考的问题。随着科学技术的不断进步，营销手段也不断更新迭代，依托于交互技术的支持，场景营销越来越受消费者的欢迎，智慧导览产品在互联网时代下应运而生，且不断升级换代。

一、移动互联网时代游客的新特征

随着互联网应用的不断推广和大数据技术的不断发展和应用，游客的个性化偏好和消费行为特征等数据可以帮助景点对旅游行业趋势、景点定位和营销传播有全新的把握，使精准定位、精准营销成为可能。以微博、微信、小红书等社交平台和抖音、快手等短视频平台为标志的数字新媒体的出现，为企业营销提供了更为广阔的平台，旅游营销进入了新媒体营销时代。如今“酒香也怕巷子深”，在数字媒体成为文化传播方式的当下，传播对旅游行业的发展同样重要，它在一定程度上决定了旅游景点的存续。旅游企业可运用新的营销模式寻找旅游新起点，并通过大数据、人工智能等为旅游行业发展提供全新思路。

（一）旅游需求更加自主化

新媒体时代是一个提倡个性、表达自我的时代。由于互联网带来的媒体技术发展大大增加了信息量，减少了信息不对称问题，因此人们从被动接收信息转向主动获取信息。旅游业是信息高度依赖型的行业，这种信息渠道的变革所带来的旅游需求的变化更加深入和彻底。新媒体时代信息获取的便捷性，使得旅游者在目的地的信息获取、旅游产品的对比、预订和分享等不同阶段，都更具自主性。旅游者不再盲目地选择旅行社或者跟团出游，而是根据自身需求主动获取信息，制订出行计划，食宿、交通、票务等都可在网上预订。

（二）信息获取场景移动化

随着移动智能终端设备的普及，旅游者可在旅游前期、中期和后期随时随地进行旅游目的地的信息搜索、预订和分享等行为。在快节奏的生活和工作状态下，应用平台的移动化使得旅游者能在休闲、用餐、出行等多个场景下获取所需资源和信息，使其充分利用碎片化时间的诉求得到满足。同时，移动设备传播的便捷性，以及文字、音频和视频等丰富的传播形式，使旅游新媒体营销成为趋势。

（三）旅游形式趋向体验化

近年来，随着消费形式日渐丰富，消费产品规模日趋庞大，消费需求的日益升级，旅游者在交易产品的同时也更期待交易过程中能获得新鲜的体验与刺激。他们购买的不仅是功能需求和利益需求，还有情感需求和体验需求。尤其在各旅游目的地所提供的产品或服务趋同的情况下，旅游活动的参与性和亲历性成为价值考量因素和旅游者决策的主要动机之一。旅游的体验化可以充分调动旅游者的感官、情感、思考、行动，使得他们获得一种精神上的认同感和归属感。为旅游目的地产品赋予主题性，将地域特色、民俗风情等内容填充于游览的各个环节，同时，营造真实场景、加入挑战性元素等方式，有利于提升旅游者的体验感，契合新的旅游消费趋势。

VR 技术、人机交互技术、人工智能技术、全息技术等突破了原有的旅游体验局限，带来全新的旅游产品和设施设备，全面升级旅游目的地建设。沉浸式旅游并非是以传统旅游方式表达的旅游形式，而是一种全新的情境体验式的旅游方式。那什么是沉浸式旅游体验呢？

沉浸式旅游体验是一种伴随体验经济出现的新的旅游方式，是指以旅游服务为舞台，以旅游产品为道具，以满足旅游者体验需求为核心，创造出令旅游者难以忘怀的体验所进行的一系列旅游活动的总称。其目的是为旅游者创造全面的体验，即通过塑造感官及思维、情感体验以吸引旅游者的注意力，并引起旅游者的情感共鸣或思维认同，为旅游产品和服务找到新的价值和生存空间。

沉浸式旅游体验强调的是旅游者的切身体验，只有将自身与旅游紧密地联系在一起才能将旅游升华为“旅行”。正是因为将自身融入行程中，旅游者才不会对旅游产品产生疲惫感，所以沉浸式旅游体验是非常自然化的旅游。旅游者在旅行的过程中会在沉浸式的作用下全身心地投入环境中，让自己时时刻刻处于第一人称的角色中。例如，让旅游者到草原上旅游一次不是最成功的，让旅游者感受到自己在草原上生活过，才是沉浸式旅游产品的最高评价。因此，在旅游过程中强调旅游者的参与性，才是非常有效的产品设计。

（四）旅游产品追求个性化

信息的完善和获取的便捷性促使旅游者需求日益分化，在选择产品或服务时，他们不再由价格驱动，而是由兴趣驱动，希望寻求个性化、差异化的产品或服务（见图4-1）。旅游消费行为从过去的模仿型、排浪式向个性化、多元化转变，出游形式从过去的跟团游向自助游方式转变，团队散拼形式占比在逐年降低。“兴趣驱动消费圈分层化”的趋势使精准营销备受关注，让更多的营销者开始跨越媒体边界，针对目标人群设计个性化旅游产品，使不同兴趣群体能得到不同的旅游服务和产品，小众化细分产品越来越有市场需求，如研学旅行、远征徒步游、奢华度假游等。

图 4-1　个性化旅游类型

（五）旅游感受强调互动化

新媒体时代，旅游者越来越重视自我表达和获得关注的需求。许多旅游者愿意使用OTA（在线旅游服务商）平台、UGC（用户原创内容）平台以及社交媒体平台和短视频平台等多种渠道，将自己的旅行感受以产品评价、游记攻略、微博微信和弹幕等形式进行互动和分享。同时，有旅行计划的其他游客也可以在此类平台寻求帮助或者查看已有攻略，对旅游目的地和旅游行程提前安排，这便形成了旅游者之间的互动。旅游目的地工作人员也可以通过在平台上对旅游者的评价予以回复，或者通过舆情监测和语义分析等手段，收集和分析旅游者的评价与建议来改善景区服务、创新景区产品，形成旅游者与旅游目的地官方之间的互动。这种环状的互动与反馈对旅游目的地的数字营销至关重要。2020 年新冠疫情给旅游业带来的最大的变化在于用户旅游决策的转变，导致旅游入口发生变化（见图 4-2）。用户作出旅游决策时从主动去旅行社或者 OTA 平台选择相应旅游产品，变成被动的“种草”和被推荐，用户旅游决策的链路更短。

图 4-2　旅游决策链路变化

二、智慧导览产品概念

（一）旅游产品

旅游产品，又称旅游服务产品，是指以旅游目的地为核心，为满足旅游者需求而面向旅游者提供的各种物质产品和精神产品（又称服务）。它是向旅游者销售的旅游项目，其特征是服务成为产品构成的主体，其具体表现主要有线路、活动和食宿，其中旅游产品的构成要素主要包括旅游吸引物（即旅游景观）、旅游设施、可进入性和旅游服务。

旅游产品由实物和服务构成，包括集合景点、交通、食宿、娱乐等设施设备、项目及相应服务提供商出售给旅游者的旅游线路类产品，旅游景区、旅游饭店等单个企业提供给旅游者的活动项目类产品。它具有综合性、无形性、生产与消费同时性、不可贮存性、所有权不可转移性等特点。从旅游目的地角度出发，旅游产品是指旅游经营者凭借旅游吸引物、交通和旅游设施，向旅游者提供的用以满足其旅游活动需求的全部服务。从旅游者角度出发，旅游产品是指旅游者花费了一定的时间、费用和精力所换取的一次旅游经历。

（二）智慧旅游产品

智慧旅游产品，即旅游产品智慧化、智能化，是指为了适应互联网时代旅游者的需求特性，通过对旅游产品的改造升级，使其更加符合网络化传播、营销、体验和交易的市场环境，同时能够满足旅游者需求而面向旅游者提供的各种产品和服务。智慧旅游产品是旅游产品的重要组成部分，包括旅行商集成性的旅游线路产品及单项的类目产品，主要包括智慧旅游线路产品、智慧景区产品、智慧酒店产品、智慧交通产品四大类。

（三）智慧导览产品

智慧导览产品并非传统意义上的旅游产品和智慧旅游产品，而是智慧化的旅游信息导览产品，主要用于旅游产品营销、引导旅游者购买旅游产品，其主要作用是提供旅游产品信息推送和旅游者引导引流服务等。

三、智慧导览产品分类

随着科学技术的不断升级迭代，智慧导览产品种类越来越多，主要包括智能导航类产品、旅游搜索类产品、旅游分享类平台、超级 IP 四种形式。

（一）智能导航类产品

随着旅游消费需求的不断变化，自驾游、骑行游、背包游等更加自主的旅游形式盛行，使旅游者在旅游过程中获取旅游目的地景点、酒店、美食、娱乐场所等位置成为主要的信息需求。智能导航类 App 的出现，让旅游者从“看图找路、寻人问路”的处境中彻底解放了出来，智能导航类 App 为喜好自助游的旅游者提供了强大的电子地图和语音导航功能，旅游者只要通过智能手机运行智能导航类 App，就可以借助人性化的电子地图和语音导航轻轻松松地到达想去的地方。此外，拥有导航功能的旅游 App 还为旅游者提供了 GPS 定位，具备搜索周边超市、餐馆、银行、加油站、酒店、餐厅、娱乐等场所的功能，满足了旅游者的日常生活所需。

GPS 导航与路线指引对于旅游行程的推进非常重要，旅游者在异地旅游时，极有可能会因为对路况、路线和路程不了解等原因而影响旅游体验。智能导航类 App 通过内置地图，可以帮助旅游者快速搜索和导航抵达路线，并提供前往目的地不同的交通工具线路、预计时间、距离及费用相关信息，让旅游者的出行更加的便捷、高效。旅游者除了能通过 App 即时定位和导航，还能将自己的位置通过通信软件共享给周边的朋友，便于相互之间取得联系；同时，对于远在外地的朋友而言，通过收藏旅游者发送的位置共享，在下次出游时还可以快速定位，节省查找路线的时间。

另外，旅游者在旅游过程中出现紧急情况时，可以运用定位功能将自己的确切位置告知有关部门，从而提高救援效率。智能导航类产品以高德地图、百度地图和腾讯地图为代表，它们通过“附近”等功能引流导览智慧旅游产品销售。

1. 高德地图

高德地图是中国领先的数字地图内容、导航和位置服务解决方案提供商。公司于 2002 年成立，拥有导航电子地图甲级测绘资质、测绘航空摄影甲级资质和互联网地图服务甲级测绘资质“三甲”资质，其优质的电子地图数据库成为公司的核心竞争力。经过不懈努力和艰辛探索，公司积累了扎实的技术，构筑了地图行业的高壁垒，在各项业务领域取得重大发展，成为行业翘楚。除地图导航外，公司旗下高德地图还为用户提供打车、酒店、门票等一站式出行服务，每年为用户节省出行时间超过 19 亿小时，为 30 多万移动应用提供位置服务。

2010 年 7 月，高德地图登录美国纳斯达克。2011 年 5 月，高德地图自主开发的手机地图软件——迷你地图（MiniMap）正式更名为高德地图，并由此打造移动生活位置服务门户。2014 年 7 月，高德地图从纳斯达克退市，成为阿里全资子公司。2014 年 12 月，高德地图发布了“出行保障”计划，宣布此项服务长期有效，而且最高赔付额度提高到了 1 000 元。2018 年 6 月，苹果发布了最新的 iOS12 操作系统，CarPlay 支持高德地图。2021 年 5 月，阿里巴巴发布 2021 财年第四财季及全年财报，财报披露 2021 年 4 月，高德地图实现了全月平均日活跃用户数超过 1 亿。据第三方数据机构 QuestMobile 发布的报告显示，截至 2021 年 3 月，高德地图手机端月活跃用户超过 5.99 亿，稳居地图导航行业第一。

高德地图基于覆盖全国的、优质的导航电子地图数据库，通过 10 余年的发展，形成了以下三大核心业务：

（1）汽车导航。高德地图为国内外诸多汽车品牌的百款车型提供导航数据产品和服务。其基于地图数据库自主研发的导航应用软件供应给多家国内外主流汽车厂商。为满足用户对车联网服务的需求，高德地图结合自身的资源与技术优势，为多家知名汽车厂商提供切实、可靠的车联网服务解决方案。

（2）政府和企业应用。在政府和企业应用领域，高德地图面向客户提供终端和网络服务一体化的企业地图服务二次开发平台，以及车队监控管理、资产管理、物流配送和位置智能等行业解决方案和增值服务。高德地图同时还为谷歌、腾讯、新浪、阿里巴巴、微软、京东等互联网企业提供基础地图服务支撑。基于高德地图的行业解决方案，结合高德地图自主研发的二、三维地理信息系统软件 AnGeo，高德地图航空摄影数据和三维数字城市模型可以为政府和行业提供虚拟现实的地理信息应用。基于长期积累的行业数据和应用技术，高德地图还推出了地图商业分析，为商业企业提供门店选址、经营分析、竞争分析等地理增值服务。

（3）互联网及移动互联网位置服务。高德地图为互联网及移动互联网用户和网站提供网站地图服务和地图 API 服务。高德地图作为中国知名的地图网站及地图 API 窗口，已有包括新浪、赶集网、搜房网等知名网站通过调用高德地图 API 来支持其互联网地图位置业务。高德地图还致力于为广大移动互联网用户提供丰富的无线增值服务。2009 年，高德地图推出中国首款基于苹果应用的手机导航软件——高德地图导航。此外，高德地图还与众多手机终端厂商合作，为其提供手机预装导航软件。

2. 百度地图

百度地图（Baidu Maps）自 2005 年上线以来，秉持“科技让出行更简单”的品牌使命，以科技为手段不断探索创新，已经发展成为中国领先的互联网地图服务商。百度地图具备全球化地理信息服务能力，包括智能定位、POI 搜索、路线规划、导航、路况等。伴随着 AI 时代的到来，作为“新一代人工智能地图”，百度地图 90% 数据生产环节已实现 AI 化，智能语音助手累计用户数突破 5 亿（截至 2021 年 10 月），并上线全球首个地图语音定制功能，让用户出行更具个性化。百度地图覆盖 POI 达 2 亿，刷新了行业新高度。同时，百度地图是业内拥有丰富全景数据的地图服务商，街道全景已覆盖国内 95% 的城市，全景照片超过 20 亿张。

2005 年，PC 版地图上线；2010 年，正式为开发者免费开放地图 API；2011 年，Android、iOS 客户端正式上线；2012 年，整合 API、SDK、云服务等优质资源建立了开放平台，成体系开放百度地图数据与技术；2013 年，百度地图导航宣布永久免费；2015 年，百度地图结合 AI 和图像识别技术，独创图像识别采集技术上线 AR 步导、AR 导游功能；2018 年，宣布“新一代人工智能地图”的战略定位；2019 年，上线全球首个地图语音定制功能，成为中国领先的智能化位置服务平台；2020 年 7 月，AI 技术赋能，百度地图宣布其道路覆盖里程已达 1 000 万公里；2021 年，创新上线新能源导航与通勤租房功能（见图 4-3）。

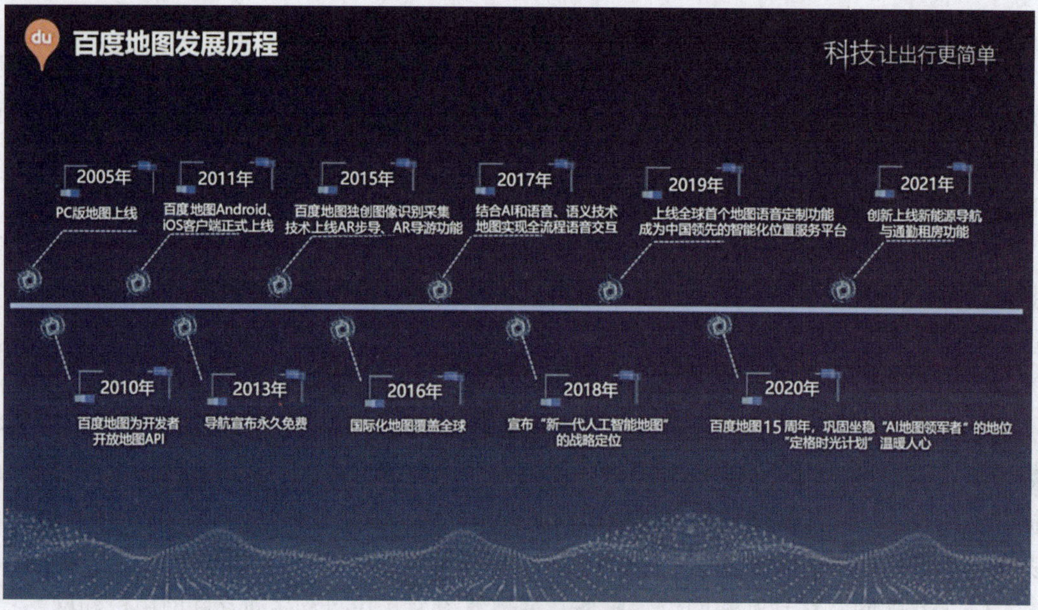

图 4-3　百度地图发展历程

百度地图的优势包括：

（1）AI 化数据生产。目前，百度地图 90% 数据采集环节实现 AI 化，拥有国内领先的采集团队和采集设备，是业内 AI 化水平领先、搭载顶尖 AI 技术、拥有丰富全景数据的地图服务商。

（2）导航精准可信赖（见图 4-4）。智能避堵，路线精准规划，根据未来预测路况，推荐更优通行路线，避堵效果全面升级；业界首创智能定位，卫星导航信号弱，启动智能定位；沉浸式导航，三维实景建模与精准定位匹配，在易偏航路段，提供全程动态导航体验；车道级导航，全程最佳车道推荐，导航界面个性化切换，道路事件车道级提示；结合目的地信息和状态，智能推荐停车点；道路颠簸提示，融合轨迹图像的颠簸挖掘，辅助用户路线决策，提供更舒适的出行体验；路况信息实时分享，第一时间获取事件进展；智能驾车出行建议，长途出行早计划，途中状况行前预知，安全高效出发。

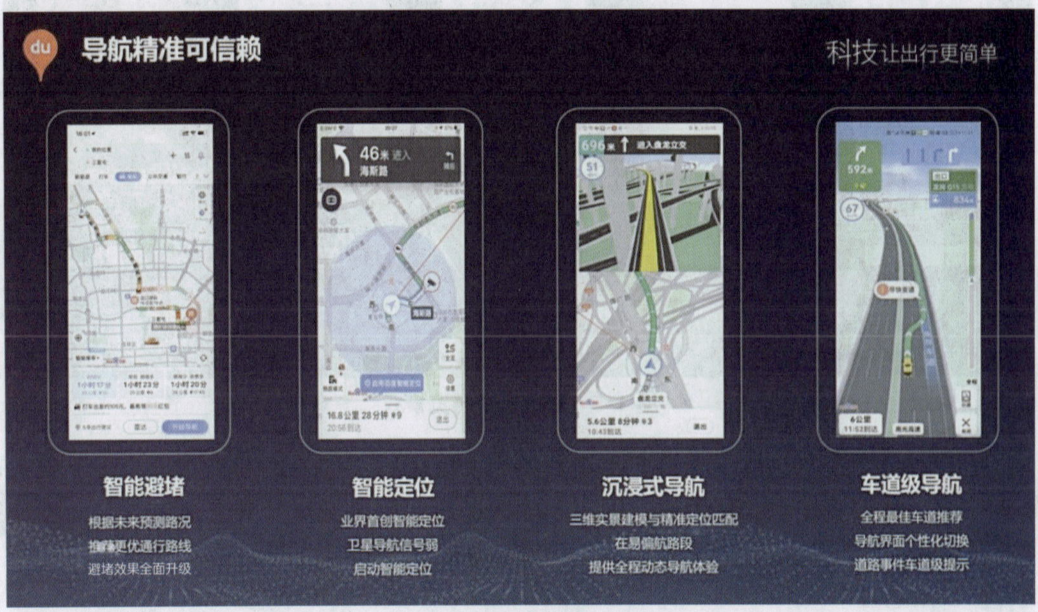

图 4–4 导航精准可信赖

（3）时间智能精准预估。实时出行路况预测，预测实时路况与耗时，准确预估到达时间；未来出行路况预测，根据预测未来路况与耗时设置到达时间，反推最佳出发时间，有助于用户提前规划行程；公交车辆到站信息及拥挤度精准展示，实时上下车提醒，守护用户安心出行；预估拥堵消散用时，拥堵趋势精准预测，拥堵消散时间一目了然。

（4）地图服务覆盖出行全场景。百度地图新能源导航结合充电偏好及续航，智能规划充电路线，充电桩信息一目了然，有效解决里程焦虑；跨城公共出行，满足用户多样性诉求，帮助用户高效决策，打造跨城门到门出行体验；打车一键比价，同时用户可呼叫全网车型，价格透明，打车更快；货车导航支持货车高、重临时调整，并推出挑战模式，供司机贡献、分享优质路线，新增省钱路线偏好，降低货运成本；骑步行导航，根据红绿灯少、不走天桥等需求进行路线推荐。

（5）智能旅游游览模式（见图 4–5）。百度地图智能旅游包含自驾路线规划、游玩路线推荐、3D 底图、语音讲解、全景地图等功能，为用户提供一站式景区服务。街道全景覆盖全国 95% 的城市，精品全景覆盖国内热门景区等头部 POI，是业内规模领先的全景数据库。AI 导游服务游客数超 1 亿，AR 导览 +AI 导游 + 全景虚拟游为用户打造沉浸式出游体验。

图 4–5　智能旅游游览模式

百度地图境外 POI 覆盖率达 98%；特型旅游底图将热门景点和购物中心一一囊括；驾车导航已覆盖境外 100 多个热门国家和地区；热门旅游城市公共交通方式全面覆盖；实时打车和预约打车已覆盖全球 70 多个国家和 900 多个热门城市。

3. 腾讯地图

腾讯地图，前称 SOSO 地图，成立于 2012 年 12 月，2013 年 12 月正式更名为腾讯地图，是由腾讯公司推出的一种互联网地图服务，覆盖了全国近 400 个城市。用户可以从地图中看到普通的矩形地图、卫星地图和街景地图以及室内景。用户可以使用地图查询银行、医院、宾馆、公园等地理位置，满足日常生活出行需求。通过腾讯地图的街景，用户既可以实现网上虚拟旅游，也可以在前往某地之前了解该地点的周边环境，从而更容易找到目的地。同时，街景地图亦可为购租房屋提供参考信息。

2014 年 5 月，在北京召开的“全球移动互联网大会”（GMIC）上，腾讯地图推出首款车联网落地产品路宝盒子，帮助用户对用车进行安全检查。2014 年 7 月，腾讯地图更新“零流量地图”功能，覆盖 Android 和 iOS 两大移动平台，成为业内首款实现真正零流量、全离线的地图产品。2017 年 4 月，腾讯地图在 v6.7 版本中上线了骑行导航功能。用户只需要输入起点和终点，便能实现规划特定路线、全程语音播报、实时记录骑行轨迹和运动数据等功能，并支持分享到微信等社交媒体。2020 年 9 月，腾讯地图全面升级，发布新版标识、首页全新升级、首次整合 QQ 音乐软件，打车功能全国正式上线。

腾讯地图的主要功能如下：

（1）街景地图。用户可以使用卫星地图和由专业设备采集的腾讯街景地图查找更精确的位置和目标，观看街景地图服务覆盖城市的高清全景图像。

（2）地点查询。快速、灵活、准确的定位帮助用户在地图上找到所在的位置。

（3）路线查询。提供打车、公交、自驾多种路线查询，支持全国近 200 个城市的出租估价、200多个城市的公交和近400个城市的自驾。

（4）实时路况。查询城市主要道路的实时路况信息，驾车导航避免拥堵，支持多达18个城市。

（5）周边查询。帮助用户搜寻周边最近的餐馆、酒店、加油站等，提供全面的吃喝玩乐地点信息。

（二）旅游搜索类产品

旅游搜索引擎是收录旅游相关信息的检索技术，收录的内容包括旅游线路、旅游景点、旅游攻略、户外用品、酒店住宿等相关旅游信息。旅游搜索引擎是从比较购物网站发展起来的。比较购物网站创建的最初构想是为消费者提供从多种在线零售网站中进行机票、酒店、旅游度假等方面比较的服务。随着比较购物网站的发展，其作用不仅表现在为在线消费者提供方便，也为在线销售上推广产品提供了机会，实际上也就类似于搜索引擎的作用。此外，用户基于网上购物的需要，从比较购物网站获得的搜索结果比通用搜索引擎获得的信息更加集中和全面（如有些比较购物网站除了产品价值信息之外，还包含对在线销售商的评价等）。

旅游搜索引擎的检索结果来自被收录的网上旅游网站，当用户检索某个旅游目的地景点、机票、酒店、旅游度假时，所有销售该类产品的网站上的产品记录都会被检索出来，用户可以根据产品价格、对网站的信任和偏好等因素进行选择。一般来说，旅游搜索引擎本身并不出售这些景点、机票、酒店等旅游产品。目前，在大部分旅游搜索平台中，用户只能搜索本网站内的相关旅游信息。

旅游搜索引擎与一般的网页搜索引擎的主要区别在于：除了搜索旅游景点、产品，了解产品说明等基本信息之外，通常还可以进行产品价格比较，对产品和在线商店进行评级，这些评比结果指标对于用户购买决策会产生一定的影响，这些信息也可以被别的用户参考，尤其对于购买决策能力不强的人或对产品信息了解不足的人。通过旅游搜索引擎，用户不仅可以搜索到与旅游相关的信息，还可以搜索到景点、机票、酒店等旅游产品的价格。这也从另一个角度说明，旅游景点、网上机票、酒店分销商可以利用旅游搜索引擎进行推广，从而增加被用户发现的概率，达到促销的目的，因而成为网上销售的一种常用促销手段。

旅游搜索类平台以携程、去哪儿网、同程、艺龙等为代表。旅游搜索类平台最重要的特点就是首页拥有搜索条，用户可以根据自身的需求，搜索与需求相对应的旅游产品。以它们为代表的类似旅游平台被称为在线旅游服务商或在线旅游代理商（Online Travel Agency，OTA）。

在线旅游服务商是基于互联网，为旅游者安排食、住、行、游、购、娱等有偿服务的企业或机构，它们将传统的旅游产品放到网络上销售。在线旅游服务商充当中间销售商的角色，通过网络集中大量的目标客户，向上游的供应商要求更低的折扣价格，再以比线下更有优势的价格销售给用户，为用户和产品供应商提供交易服务，同时在交易中提取一定比例的佣金。这种商业模式最大的特点是：让用户享受更加优惠的价格。

1. 携程旅行网

携程旅行网（以下简称携程）创建于1999年，总部在上海，目前已在北京、广州、深圳、成都、杭州、南京、厦门、重庆、青岛、武汉、三亚、南通等境内城市，新加坡、首尔等境外城市设立分支机构，在中国南通、英国爱丁堡设立服务联络中心。于2003年12月在美国纳斯达克成功挂牌上市。

2015年，携程战略投资艺龙旅行网，并与百度达成股权置换交易完成对去哪儿网的控股。2016年1月，携程战略投资印度在线旅游企业MakeMyTrip，并在新加坡成立了东南亚区域总部。同年10月，携程加大对北美洲地区的投入，与纵横、海鸥、途风达成合作。11月，携程投资英国机票搜索平台Skyscanner（天巡），完成了对海外机票市场的布局。自此（2016年），携程完成了全球化的相关业务布局。

作为中国领先的综合性旅行服务公司，携程成功整合了高科技产业与传统旅行业，向超过3亿会员提供集无线应用、酒店预订、机票预订、旅游度假、商旅管理及旅游资讯在内的全方位旅行服务，实现了旅游产品的网上一站式服务，被誉为互联网和传统旅游无缝结合的典范。

携程对旅游业最大的贡献就是成功整合了传统旅游业和高新技术产业。携程拥有世界上最大的旅游业服务联络中心（呼叫中心），拥有1万余个座席，呼叫中心员工超过10 000名。携程在全球200多个国家和地区与近80万家酒店建立了长期稳定的合作关系，其机票预订网络已覆盖国内外绝大多数航线。同时拥有近千条度假线路，覆盖全球各地。

2. 去哪儿网

去哪儿网创立于2005年2月，总部位于北京，并于2013年11月在美国纳斯达克成功上市。成立之初，去哪儿网是一个与携程网不同的网站，并不售卖任何旅行产品，它扮演的角色类似于旅游行业的谷歌或百度。作为全球最大的中文旅游搜索引擎、亚太地区首家旅游搜索引擎公司，它将“想你所想的旅行”的期待转化为便捷、灵性的互联网应用方式；它将众多OTA、航空公司及酒店的产品聚集在自己的平台上，通过对整个旅游票务资源进行更加细致、有序的整合与发布，提供实时、可信的旅游产品比价与服务比较系统，帮助用户进行充分选择，为用户减少了与旅行相关的多个产品的搜寻成本；它通过网站及移动客户端的全平台覆盖，为用户提供实时、可靠、全面的旅游产品查询和信息比较服务，帮助用户找到性价比最高的产品和最优质的信息。

去哪儿网通过网站及移动客户端的全平台覆盖，以自有技术为驱动，随时随地地为旅游服务供应商和旅行者提供专业的产品与服务。凭借其便捷、先进的智能搜索技术对互联网上的旅行信息进行整合，去哪儿网的产品与服务覆盖国内外机票、酒店、度假、门票、租车、接送机、火车票、汽车票和团购等多个领域。

作为一家深耕于在线旅游行业的产品技术公司，去哪儿网拥有海量的用户出行数据、业内领先的产品开发能力及强大的资本实力，构建起一个融合线上、线下全价值链的在线旅游服务生态系统，持续提升用户的旅行品质。2020年，去哪儿网交易用户数量同比2019年增长数千万。新增用户当中，三线以下城市用户占比达到46%，95后群体占比高达40%。2021年，通过去哪儿网购票的用户中，超900万人是第一次坐飞机，创近五年新高。

（三）旅游分享类平台

旅游分享类平台是通过互联网进行旅游点评和游记攻略等旅游信息的分享，即用户生成内容（User Generated Content，UGC），对于在线旅游行业而言即旅游社交和分享，是让用户通过网络把旅游行程的见闻和经验发表在网站上，分享给更多的旅游爱好者，新颖的社交互动分享聚集大量的用户，同时利用聚众效应进行内容的展示和广告的植入。UGC 并不是某一种具体的业务，而是一种用户使用互联网的方式，即由原来的以下载为主变为下载和上传并重。随着互联网的发展，网络用户的交互作用得以展现，用户既是网络内容的浏览者，也是网络内容的创造者。例如：豆瓣、微博等社交平台和百度贴吧、百度百科、知乎等知识分享网站。旅游分享类平台以抖音、小红书、马蜂窝等为代表。

1. 抖音

抖音是由字节跳动孵化的一款音乐创意短视频社交软件。该软件于 2016 年 9 月 20 日上线，是一个面向全年龄的短视频社区平台。通过抖音短视频 App，用户可以分享生活，同时也可以认识到更多朋友，了解各种奇闻趣事。抖音实质上是一个专注于年轻人的音乐短视频社区，用户可以选择歌曲，配以短视频，形成自己的作品。抖音用户可以通过视频拍摄快慢、视频编辑、特效（反复、闪一下、慢镜头）等技术让视频更具创造性，而不是简单的对嘴型。

2019 年 1 月 18 日，中央电视台与抖音短视频举行新闻发布会，正式宣布抖音成为 2019 年“春晚”的独家社交媒体传播平台，会上公布了 2019 年央视春晚“幸福又一年”的新媒体行动。抖音将同央视春晚在短视频宣发及社交互动等领域展开全方位深度合作，调动广大年轻群体，面向全球华人，以参与代替评论，用参与引导关注，助力春晚传播。2020 年 1 月 8 日，火山小视频和抖音正式宣布品牌整合升级，火山小视频更名为抖音火山版，并启用全新图标。2021 年 1 月 26 日，抖音与央视春晚联合宣布，抖音成为 2021 年“春晚”独家红包互动合作伙伴，这是继 2019 年春晚后，抖音第二次与央视春晚达成合作。据抖音官方数据，2022 年抖音日活跃用户突破 6 亿，抖音日均视频搜索量突破 4 亿。

2. 小红书

小红书于 2013 年 6 月在上海成立，是一个生活方式平台和消费决策入口。2013 年 12 月，小红书推出海外购物分享社区。2014 年 3 月，小红书完成数百万美元的 A 轮融资；8 月，小红书 Android 版本上线；11 月，小红书完成 GGV 领投的千万美元级 B 轮融资；2014 年 12 月，小红书正式上线电商平台“福利社”，从社区升级电商，完成商业闭环；2015 年 12 月，小红书举办“全球大赏”，获奖榜单被日韩免税店及海外商家广泛使用，成为出境购物的风向标。截至 2019 年 10 月，小红书注册用户数已超过 3 亿，月活跃用户数已经过亿，其中 70% 新增用户是 90 后。在小红书社区，用户通过文字、图片、视频笔记的分享，记录了这个时代年轻人的正能量和美好生活。小红书通过机器学习，对海量信息和人进行精准、高效匹配。小红书旗下设有电商业务，2017年12月，小红书电商被《人民日报》评为代表中国消费科技产业的“中国品牌奖”。2019年6月，小红书入选“2019福布斯中国最具创新力企业榜”；11月，小红书亮相进博会，并与全球化智库（Center for China and Globalization，CCG）共同举办“新消费——重塑全球消费市场的未来形态”论坛。

小红书是从社区起家。一开始，用户注重于在社区里分享海外购物经验。到后来，除了美妆、个护，小红书上出现了关于运动、旅游、家居、旅行、酒店、餐馆的信息分享，触及了消费经验和生活方式的方方面面。2016年初，小红书将人工运营内容改成了机器分发的形式，通过大数据和人工智能将社区中的内容精准匹配给对它感兴趣的用户，从而提升用户体验。

小红书作为一个生活方式社区，其最大的独特性就在于，大部分互联网社区更多是依靠线上的虚拟身份，而小红书用户发布的内容都来自真实生活，一个分享用户只有具备丰富的生活和消费经验，才能有内容在小红书分享，继而吸引粉丝关注。大部分网络社区都是虚拟社区，用户在线上消费内容，体验也在线上结束。而小红书被称为“三次元社区”，这是因为用户在小红书无论是浏览了美食还是旅行目的地，都必须回到现实生活中去消费，才能完成这个体验。

在小红书，一个用户通过“线上分享”消费体验引发“社区互动”，能够推动其他用户到“线下消费”，这些用户反过来又会进行更多的“线上分享”，最终形成一个正循环。而随着人民生活越来越走向数字化，小红书社区在“消费升级”的大潮中发挥了更大的社会价值。过去几年，包括完美日记、钟薛高、小仙炖等在内的新品牌在小红书上成长起来，回力、百雀羚、大白兔、李宁等老品牌通过小红书被更多年轻人喜爱，成为新消费品牌的代表，小红书也成为助力新消费、赋能新品牌的重要阵地。

小红书电商的独特性在于：

（1）口碑营销。没有任何方法比真实用户口碑更能提高转化率。小红书是一个真实用户口碑分享的社区，整个社区就是一个巨大的用户口碑库。

（2）结构化数据下的选品。小红书社区中积累了大量的消费类口碑，用户在该平台发现、分享好物，此外，用户的浏览、点赞和收藏等行为会产生大量底层数据。通过这些数据，小红书可以精准地分析用户的需求，保证采购的商品是深受用户推崇的。

3. 马蜂窝

马蜂窝成立于2006年，是中国领先的旅行玩乐社区，是中国年轻一代用得更多的旅游网站。得益于“内容 + 交易”的核心优势，马蜂窝更理解年轻人的偏好，让复杂的旅游决策、预订和体验变得简单、高效和便捷。以“自由行”为核心，以“为全球的自由行消费者提供靠谱、有爱、值得信赖的旅行信息”为目标，马蜂窝向用户提供全球6万多个旅游目的地的旅游攻略、旅游问答、旅游点评等咨询以及交通、酒店、景点、餐饮、购物、用车、当地玩乐等信息和产品预订服务，站在自由行消费者的角度，帮助用户做出最佳的旅游消费决策。自上线以来，马蜂窝注册用户持续攀高，经过长年的积累凝聚了一个高质量的旅游爱好者群体。

2010 年以前，马蜂窝只是一个个人兴趣爱好社区。马蜂窝的客户群基本以自助旅游爱好者、文艺青年为主，他们每次出行之前都要精心准备，订机票，查攻略。从 2010 年开始公司化运营以来，经大量旅行者自主分享，马蜂窝社区的信息内容不断丰富和完善，成为年轻一代首选的“旅游神器”。与父辈们常用的传统在线旅游网站相比，马蜂窝更潮、更酷，深谙“年轻一代的选择”，帮助他们从不同角度重新发现世界。马蜂窝的核心产品定位为旅游攻略。与其他旅游 OTA 不一样的是，马蜂窝专注于自由行信息分享，其景点、餐饮、酒店等点评信息全部来自用户的真实分享。用户通过马蜂窝查找、下载经典攻略或者分享经验、做出评价。基于 10 余年的内容积累，马蜂窝通过 AI 技术与大数据算法，将个性化旅游信息与来自全球各地的旅游产品供应商实现连接，为用户提供与众不同的旅游体验。“内容获客”模式能够高效匹配供需，助力平台商家提升利润率，并重塑旅游产业链。

UGC、旅游大数据、自由行交易平台是马蜂窝的三大核心竞争力。首先，用户会在马蜂窝平台浏览不同旅行者的游记、攻略，经过长期对比分析，最后做出决策。照片是旅行分享里面非常重要的一个组成部分，马蜂窝游记产品里的分享内容大部分是照片，每个用户的分享会包含照片，平台会通过图片分享软件“嗡嗡”为这些照片加载地理位置、坐标等信息，从而转化成在全球各地的旅行足迹。然后，马蜂窝将游客的这些 UGC 内容以另外一种方式呈现在自由行产品中。最后，马蜂窝基于现有的 UGC 数据，包括用户的游记、攻略、点评以及分享，与相应的供应商合作，通过信息整合，还原用户的消费点，形成旅行路线，按用户需求定制个性化旅游产品，将潜在用户变为实际游客。

（四）超级 IP

IP，是 Intellectual Property 的缩写，字面译为“知识产权”，特指具有长期生命力和商业价值的跨媒介内容运营。一个具有可开发价值的 IP 包含 4 个层级，称之为 IP 引擎，分别是价值观、普世元素、故事和呈现形式。

一个超级 IP 要有跨界运营的能力，而且形式不能单一化，能从很多角度和层面来变现，需要与用户产生文化与情感上的共鸣，如影视、游戏、动漫、玩具、服装等。IP 要有统一的价值观，可以跨越地域、民族的限制，否则只能叫作产品，而不是 IP。同时，超级 IP 自带流量具有很强的传播能力，大众对其有很强的认可度。一个成功的品牌需有效引导和创造市场消费，超级 IP 则能让品牌保持鲜活、持久的生命力，通过不断的植入实现真正意义上的创造性营销，如迪士尼、华强方特、北京故宫等，它们具有强大的穿透力、延展力，大众对这类产品接受度高，易受到追捧和热议，产生品牌自身独有的角色感，并从中获得一种内心追求的满足感。

1. 迪士尼

全球品牌排行榜上的常客“迪士尼”是一个由众多高价值 IP 组成的超级大 IP，这是一个承载了梦想的大 IP。如果说迪士尼 IP 是一个“造梦机器”，那是因为它的产品确实都与梦想有关。迪士尼公司创建于 1923 年，目前是全球最大的娱乐公司之一。迪士尼“梦想制造机”的品牌形象深入人心，迪士尼公司之所以长盛不衰，正是因为它一直坚持的“梦想制造机”的品牌定位。“梦想制造机”的品牌定位从公司创办之初即已确立。跟随“梦想制造机”的指引，目前迪士尼公司拥有世界第一的娱乐及影视品牌迪士尼（Disney），拥有影视娱乐（美国最大的电影发行商之一）、主题乐园及度假区（世界最大的主题乐园集团）、媒体网络（拥有美国三大广播公司之一 ABC、体育品牌 ESPN）、消费品（世界最大的儿童消费品品牌、世界最大的儿童书籍集团）等。

迪士尼公司拥有迪士尼乐园度假区、迪士尼世界，授权经营巴黎迪士尼乐园、东京迪士尼度假区、香港迪士尼度假区和上海迪士尼乐园度假区。

2. 华强方特

华强方特以文化为核心，以科技为依托，打造“创、研、产、销”一体化的文化科技产业链，提出规模化、多元化、国际化的发展战略，业务分为文化内容产品及服务和文化科技主题公园两大类。其中，文化内容产品及服务包括特种电影、动漫产品、主题演艺、影视出品、文化衍生品，文化科技主题公园包括创意设计和文化科技主题公园旅游，两者形成了优势互补的全产业链。华强方特拥有大量自主知识产权，已在国内国际市场上建立起强势的中国文化科技品牌。

华强方特是国内率先从主题乐园创意设计、研究开发、内容制作、施工建设、到市场运营全产业链运营的企业，也是一个具有成套设计、制造、出口大型文化科技主题乐园的企业，拥有“方特欢乐世界”“方特梦幻王国”“方特水上乐园”“方特东方神画”“方特东盟神画”“方特东方欲晓”“方特丝路神画”“方特国色春秋”八个完全自主知识产权的主题乐园品牌，已在芜湖、泰安、株洲、青岛、沈阳、郑州、厦门等地投资建成 10 余个主题乐园，成为文化旅游支柱和特色品牌；并将文化科技主题公园输出到国外，开创了中国文化科技主题公园“走出去”的先河。

3. 北京故宫

北京故宫是中国明清两代的皇家宫殿，旧称紫禁城，位于北京中轴线的中心。北京故宫以三大殿为中心，占地面积约 72 万平方米，建筑面积约 15 万平方米，有大小宫殿 70 多座，房屋 9 000 余间。北京故宫是世界上现存规模最大、保存最为完整的木质结构古建筑之一。

作为世界级的超级 IP，故宫文创自带流量，近年开业的故宫儿童文创体验店和故宫文化创意体验馆很受欢迎。故宫儿童文创体验店位于故宫中轴线交泰殿东侧的景和门南端，总面积约 200 平方米，整个房间的配色、装饰充满童趣，店里展示了近百余件专门为儿童设计的各类故宫文创产品，适合 3 ～ 12 岁不同年龄阶段的儿童进行体验。

故宫文化创意体验馆作为故宫博物院“最后一个展厅”，分为丝绸馆、服饰馆、生活馆、影像馆、木艺馆、陶瓷馆、展示馆和紫禁书苑 8 间各具特色的展厅，集中展示和销售故宫博物院研发的各类文创产品。体验馆内，既有故宫元素的丝绸产品、男士服装，还包括《石渠宝笈》相关的书画精品、紫檀家具、明清宫廷风格的茶器等，满足不同观众的多种需求。

四、智慧导览产品设计策略

智慧导览产品设计策略包括以下几个方面：

（一）提升智慧导览产品审美与创意

旅游是一种经济活动，更是一种文化活动。旅游主体负载着一定的文化因子，不仅将原有的文化传播到异地，也受到异地文化和风俗的影响。在文化的比较、传播和熏陶中，跨文化的交往随时给予旅游者新奇和碰撞。从旅游体验的层次来看，旅游者经历了三个层次：身到、心到、神到。通过“体验”这一中介，旅游者的感性和理性重新融合成为整体。

旅游体验的追求不是单一的，如同多元化生活一样，发展的动力和机缘都在于对丰富度的渴望和对未知的好奇。对旅游体验的渴望是普通大众对生活世界的审美追求。旅游体验是关乎个人的。古语说：“读万卷书，行万里路。”读书、旅行对人生的完整同样重要。感官的愉悦带来了兴奋和快感，美丽景色与风情体验唤起了旅游者内心深处的情感，情景共鸣、情景交融、情意相怡。旅游的生态化、休闲化不仅是自然的要求，也是内心的需要。风景成为内心永远的风景，体验也许转瞬即逝，但体验将会成为心中永远的风景。所谓“景在心中，人亦在景中”。人们喜欢旅游，因为旅游就是生活的一部分，旅游就是追寻那“生活溶解在心灵中的秘密”。

智慧导览产品的好坏并非由是否商品化来决定，其追求者和评判者就是旅游者本人。对于个体旅游者来说，智慧导览产品体验总是真实的，也仅仅属于其个人。这种体验无法被模仿，无法被商业化重构。旅游的独特体验每次都不一样，不仅成为旅游者回忆中的最美好的一部分，而且最大、最真切的“真实”就是旅游者自己的意愿。这种意愿正体现了人对于自身生存方式的选择，体现了人在定居与游走之间的平衡和补充。

（二）强化智慧导览产品的体验属性

旅游体验是旅游个体通过与外部世界取得联系，从而改变并调整其心理状态结构的过程，是在旅游中借助于观赏、交往、模仿和消费等活动形式实现的一个时序过程。旅游体验过程是一个连续的系统，由一个个具有特色和专门意义的情境串联组合而成，构成一个有别于人们日常生活的另类行为环境。旅游期望是旅游体验过程中旅游体验质量的标尺。旅游体验的类型，除了娱乐、教育、逃避、审美，还有移情。为了给旅游者塑造舒畅而独特的旅游体验，旅游企业应遵循差异性、参与性、真实性和挑战性的原则塑造旅游产品。

体验式旅游是指为游客提供参与性和亲历性活动，使游客从中感悟快乐。20 世纪 80 年代中后期，在中国一度兴起的城里人到农村“住农房、吃农饭、干农活”就是体验式旅游的雏形。人们开展旅游活动大多是为了拓宽个人视野，感受不同的生活体验或者获取个人生活范围以外的信息。传统的观光式旅游仅仅依赖自然资源或者历史遗产为游客提供一种游览的满足感；而后兴起的探险式旅游中，游客更多的是追求感官或者感受的刺激，如漂流、徒步、攀岩等，但是也有体验式旅游的雏形；另外度假式旅游着重是提供一种休闲的氛围让游客轻松、愉快地享受假期。与上述几种旅游形式相比，体验式旅游更着重的是给游客带来一种异于其本身生活的体验。如为城市人提供乡村生活的体验，为游客带来不同地域或者是不同年代生活的体验等。

从结构上看，旅游体验具有多重层次结构：

（1）从时间结构上看，旅游体验包括预期体验、现场体验和追忆体验，呈现出阶段性特征，并随时间的流逝而不断地升华，进而演化成人们生活经验和精神世界的一部分。

（2）从深度结构上看，旅游体验呈现出一定的层次性，基本上可分为感官体验、身体体验、情感体验、精神体验、心灵体验五个层次，越是深度的旅游体验，越能让游客感到旅游的意义。

（3）从强度结构上看，旅游体验通常可分解为一般性体验和高峰性体验两个层面，越是能达到高峰性的体验，越能使游客感到旅游的价值。

在未来的业务场景中，“体验”将成为最为重要的关键词之一，旅游企业必须跳出旧的思维模式，只有以围绕游客体验和用户价值体验的提升为导向，才有可能占领未来的商业先机。对于互联网用户来说，体验就是一切。他们不仅仅是购买产品，也不仅仅是浏览网站，他们并不是无目的地参与在社交网络或日常应用中，他们想要的是体验。这才是他们所购买的、所接受的，也是他们所分享的。

（三）关注旅游数字足迹的挖掘与处理

数据挖掘是数据库知识发现（Knowledge Discovery in Databases，KDD）中的一个步骤，是指通过分析每个数据，从大量数据中寻找其规律的技术，数据挖掘的任务有关联分析、聚类分析、分类分析、异常分析、特异群组分析和演变分析等。主要有数据准备、规律寻找和规律表示 3 个步骤。数据准备是从相关的数据源中选取所需的数据并整合成用于数据挖掘的数据集；规律寻找是用某种方法将数据集所含的规律找出来；规律表示是尽可能以用户可理解的方式（如可视化）将找出的规律表示出来。

随着移动互联网的普及和社交网络的兴起，旅游数字足迹已逐渐成为人文地理和旅游研究新的数据来源。旅游数字足迹作为因游客活动所形成的具有地理标签或位置信息的电子痕迹，能较清晰地反映出游客的旅游行为和时空运动轨迹。

互联网的高速发展渐渐渗透于旅游活动中，智能手机和移动设备的普及便利了旅游者凭借网络平台搜寻旅游信息、预订旅游产品，借助互联网获取数据研究旅游现象成为可能。随着通信和信息技术的发展，更加便于游客运用各种电子产品保留和积累旅游相关的电子数据，这些数据记录和保存了游客旅行的时间与轨迹，即形成了丰富的旅游数字足迹。数据的研究有利于旅游企业开发更加适合游客需求的旅游产品。

旅游数据足迹的挖掘主要分为面板数据来源与采集和数据样本分析。数据样本分析，即对游客的游览时间（如年度分布、季度分布、月度分布和逗留时间分布等）和客源市场空间分布（地域分布和近域分布）特征进行分析。

（四）强调旅游资讯精准化检索与推送

智慧导览产品的功能首先是服务于游客，向游客介绍旅游区的地理位置、自然特征、社会经济情况、历史文化概况、旅游业发展现状、存在问题、比较优势、旅游资源分布等，还必须实现多用户条件下的并行操作和指定旅游线路的快速检索、查询，可在线查找指定的旅游景点信息和旅游服务设施，利用 GIS（地理信息系统）提供的功能和方法，实现游客指定旅游线路的漫游跟踪和快速还原现实。智慧导览系统不仅能够依托宽带网络硬件平台与旅游信息系统达到吸引潜在游客的目的，能为游客提供景点的视频点播、网上询价、在线预订等服务，还可以全面介绍目的地的主要景点，游客只要输入目的地就可以得到一条清晰、明确的旅游线路，看到各景点有何特色、历史与发展现状、有何典故、当地的特色旅游商品及其价格、旅游注意事项等。此外，智慧导览系统还能够为游客提供旅游方面的政策法规、旅行社、酒店、机票，甚至景点门票的查询和预订服务，以及方便地进行旅游投诉在线服务等功能，为游客提供“食、住、行、游、购、娱”一条龙服务。

在如今旅游大数据时代的背景下，海量、高增长率和多样化的信息资产使智慧旅游产品可以为游客提供更加实用、准确、个性的旅游信息。通过对目的地的宾馆、饭店、旅行社、大型商场、购物中心的基本情况进行热点链接，这些信息使旅游经营者可以参考游客的个人兴趣爱好、旅行性质、旅行时间、消费档次、希望游览的旅游景区和下榻的酒店的登记，自动根据现有数据库模拟出最佳旅游线路，同时实现动态显示和虚拟旅游效果，并可根据游客的喜好为游客制定特色路线。

随着旅游行业在移动设备上的大力投入，大数据技术得到了极大的应用。如今，用户只需直接在移动设备上输入旅游目的地，便可以自主选择旅游活动、出行方式，同时还可以查找天气信息、他人分享的旅游攻略。例如，携程网拥有庞大的后台数据，使用户能迅速、准确地查询到目的地机票、酒店、门票等信息；马蜂窝网拥有海量的游玩攻略、游玩信息的分享，是用户在选取目的地或制订行程计划时参考的首选。随着信息获取技术、信息分析技术的再升级，未来用户只需在移动设备上输入几个关键词，系统便可以通过后台收集到的信息生成用户喜好，然后根据用户喜好自动生成包括机票、酒店、出游时间、出游地点、出行方式等的一份完整行程。用户不需要自己挑选机票、酒店，搜索攻略、制订计划、行程确定完全交由大数据搜索、挑选并实现私人定制，真正意义上实现了数字旅游带来的智能化。

凭借当代大数据分析技术的成熟，旅游企业可以对用户进行精准画像，依靠数据收集和技术工具，实现统一的人群数据管理。互联网平台通过推送与用户喜好相关的资讯来优化用户体验，进而提高用户的忠诚度，保持较高的用户黏性。

……思考与练习……

1. 简述移动互联网时代游客的新特征。
2. 阐述智慧导览产品及其分类。

任务五 认知智慧导览体系下智慧旅游产品定价

任务内容

1. 掌握智慧旅游产品定价方法；
2. 了解智慧旅游产品定价策略。

在市场经济条件下，旅游者对旅游产品的需求要借助交换活动来实现，而价格是交换活动顺利进行的重要条件。旅游产品价格是旅游者为满足旅游活动需要购买的旅游产品的价格，是旅游产品价值的货币表现。在万物互联的网络时代，智慧导览体系下智慧旅游产品价格制定是影响旅游产品销售的重要因素。

一、智慧导览体系下智慧旅游产品价格概述

（一）旅游价格

旅游价格是旅游者为满足旅游活动的需求而购买单位旅游产品所支付的货币量，它是旅游产品价值、旅游市场的供求和一个国家或地区的币值三者变化的综合反映。

在市场经济中，旅游者食、住、行、游、购、娱等需求必须通过交换活动，通过支付一定的货币量才能获得满足。旅游经营者在向旅游者提供旅游产品时，必然要求得到相应的价值补偿，于是在旅游者与旅游经营者之间围绕着旅游产品的交换而产生了一定货币量的收支，这就是旅游价格。从旅游经营者的角度看，旅游价格又表现为向旅游者提供各种服务的收费标准。

（二）智慧导览体系下智慧旅游产品价格

智慧导览体系下智慧旅游产品价格是指在智慧导览产品中智慧旅游产品的价格。智慧导览体系下智慧旅游产品定价（简称“智慧旅游产品定价”）不仅需要科学的理论和方法为指导，同时由于竞争和旅游者的需要，还必须有高明的定价技巧和策略。智慧旅游产品定价策略就是根据在线旅游市场的具体情况，从定价目标出发，灵活运用价格手段，使其适应网络销售市场的不同情况，根据消费者群体或消费者个人对未来一定时期内价

格水平变动趋势和变动幅度的一种心理估测，以及根据消费者对产品价格的敏感度制定差异性定价机制，实现企业的营销目标。

智慧旅游产品定价是一项极为复杂的工作，旅游企业既要考虑旅游产品的质量和价值，又要考虑产品在市场环境中的竞争力，要做到合理定价。智慧旅游产品定价是否科学、准确、合理，影响旅游企业在区域旅游市场所占的份额，决定旅游企业的经济效益。

二、智慧旅游产品价格的特点

网络环境下的智慧旅游产品定价既具有传统模式下的定价特点，又呈现出许多新的特点。

（一）全球性

智慧旅游产品定价面对的是全球化的开放市场，用户可以在世界各地直接登录网站进行购买，而不用考虑网站属于哪一个国家或地区。目标市场从过去受地理限制的局部市场扩展到范围广泛的全球性市场，这使得网络营销定价必须考虑目标市场范围的变化给定价带来的影响。由于产品来源地和销售目的地与传统市场渠道差距很大，企业不能再固定运用统一的定价策略来面对差异较大的全球性市场，需要采用本地化的方法，在不同的国家建立地区性网站，以适应地区市场消费者需求的变化。

（二）价格透明度增加，降价压力增大

由于网络环境下企业并不需要开设实体店面和建立分销网络，因而交易成本的降低使得企业有了降低价格的条件。与此同时，价格透明度的增加是产生降价压力的又一个原因。通过浏览互联网，顾客在商品以及价格方面的信息显著增加，他们可以通过搜索引擎比较不同平台的产品价格。搜索引擎可以根据用户的查询条件，列出特定商品在不同卖家所售卖的价格，以及这些卖家的信息、资质评级等。现实市场存在不同程度的价格离散现象，网络的开放性和互通性使得价格信息更为透明，买方在应对价格离散时具有主动性，而商家则面临更大的定价压力。

企业在制定价格的过程中受到来自市场结构的影响，如果竞争者越多，价格越透明，市场就越接近完全竞争市场。完全竞争市场意味着企业缺少对价格的控制能力，必须响应竞争对手的价格战略。互联网时代，价格透明度增加，市场朝着完全竞争市场方向发展，加大了企业的降价压力。

（三）顾客主导定价

顾客主导定价是指为顾客通过充分了解市场信息来选择购买或者定制产生自己满意的产品或服务，同时以最小代价（产品价格、购买费用等）获得这些产品或服务。这种方式使顾客在价格上拥有了更多的话语权，能够使顾客以最小成本获得最大收益，实现

自身价值的最大化。顾客主导定价的策略主要有定制生产定价和拍卖市场定价。顾客主导定价是一种双赢的发展策略，既能更好地满足顾客的需求，同时企业能够对目标市场有更充分的了解，其经营生产和产品研制开发可以更加符合市场竞争的需要。

三、智慧旅游产品定价方法

智慧旅游产品定价目标是旅游企业营销目标的基础，是旅游企业选择定价方法和制定价格策略的依据。具体来说，智慧旅游产品定价方法有成本导向定价法、需求导向定价法和竞争导向定价法三种。大数据时代到来，智慧旅游产品供应商能够对旅游市场需求精准识别，在这种背景下，需求导向定价法是智慧旅游产品定价应用最广泛的定价方法，竞争导向定价法次之，成本导向定价法相对较少。

（一）成本导向定价法

成本导向定价法是定价方法中的一种，是以营销产品的成本为主要依据制定价格的方法。这种定价方法是计划经济时代的产物，传统旅行社使用较多，当前已不能适应于智慧旅游产品定价。成本导向定价法分为：总成本定价法、边际成本定价法、盈亏平衡定价法。总成本定价法又分为：成本加成定价法和目标利润定价法。

1. 总成本定价法

总成本定价法是指将所有为生产某种产品而发生的耗费均计入成本的范围计算单位产品的变动成本，合理分摊相应的固定成本，再按一定的目标利润率来决定价格。

成本加成定价法是按产品单位成本加上一定比例的毛利定出销售价。其计算公式为：

$$P=c\times(1+r)$$

式中，P 为商品的单价，c 为商品的单位总成本，r 为商品的加成率。

目标利润定价法是根据企业总成本和预期销售量，确定一个目标利润率，并以此作为定价的标准。其计算公式为：

单位商品价格 = 总成本 ×（1+ 目标利润率）/ 预计销量

2. 边际成本定价法

边际成本定价法是指增加单位产量引起的总供给成本的增加量，一般分为短期边际成本和长期边际成本。边际成本定价法以变动成本作为定价基础，只要定价高于变动成本，企业就可以获得边际收益，用以抵补固定成本，剩余即为盈利。

3. 盈亏平衡定价法

盈亏平衡定价，又称保本定价法或收支平衡定价法，是指在销量既定的条件下，企业产品的价格必须达到一定的水平才能做到盈亏平衡、收支相抵。企业试图找到一种价格，使用这种价格时，企业的收入与成本相抵，或者能达到期望中的利润目标。计算公式为：

单价 =（单位变动成本 + 固定成本）÷ 销售量

（二）需求导向定价法

需求导向定价法是指根据市场需求状况和消费者对产品的需求价格弹性来确定价格的定价方法。企业主要通过智能数据挖掘技术对用户网络足迹进行分析，根据用户对价格的敏感度以及用户对未来一定时期内价格水平变动趋势和变动幅度的心理估测能力来定价。由于需求导向定价法的市场化特征，旅游企业在对智慧旅游产品定价时主要使用的就是这种方法。需求导向定价法分为：理解价值定价法、需求差异定价法、反向定价法。

1. 理解价值定价法

理解价值定价法是指根据消费者理解的商品价值来制定商品价格的方法。这种定价法不是根据成本来定价，企业首先运用销售策略特别是一些非价格因素来使消费者形成一种价值观念；然后根据这种价值观念来制定价格。该定价法的关键在于企业要正确估计和判断消费者理解的相对价值，为此企业应做好市场销售调研，找到准确的市场理解价值。

企业通过比较买方的价值判断与卖方的成本费用定价时更应侧重考虑前者。因为消费者购买商品时总会在同类商品之间进行比较，选购那些既能满足其消费需要，又符合其支付标准的商品。消费者对商品价值的理解不同，会形成不同的价格限度。这个限度就是消费者宁愿支付货款而不愿失去这次购买机会的价格。如果价格刚好定在这一限度内，消费者就会顺利购买。

为了加深消费者对商品价值的理解程度，从而提高其愿意支付的价格限度，企业定价时首先要搞好商品的市场定位，拉开本企业商品与市场上同类商品的差异，突出商品的特征，并综合运用这种营销手段，加深消费者对商品的印象，从而使消费者感到购买这些商品能获得更多的相对利益，提高他们接受价格的限度。企业可据此提出一个可销价格，进而估算在此价格水平下商品的销量、成本及盈利状况，最后确定实际价格。

2. 需求差异定价法

需求差异定价法是指企业按照两种或两种以上不反映成本费用的比例差异价格销售某种产品或服务。对于需求差异定价法，同一产品的价格差异并不是因为产品成本的不同而引起的，而主要是由于消费者需求的差异所决定的。企业对同一种商品在同一市场上制定两个或两个以上的价格，或使不同商品价格之间的差额大于其成本之间的差额。其好处是可以使企业定价最大限度地符合市场需求，促进商品销售，有利于企业获取最佳的经济效益。事实上，这种价格差异的基础是顾客需求、顾客的购买心理、产品样式、地区差别以及时间差别等。企业采用这种方法定价时，一般是以该产品的历史定价为基础，根据市场需求变化的具体情况，在一定幅度内变动价格。这种方法的具体实施有四种方式：

（1）基于顾客差异的差别定价。即根据不同消费者的消费性质、消费水平和消费习惯等差异制定不同的价格。如会员制下的会员与非会员的价格差别、新老顾客的价格差别、国外消费者与国内消费者的价格差别等。企业可以根据不同的消费者群的购买能力、购买目的、购买用途的不同，制定不同的价格。

（2）基于不同地理位置的差别定价。由于地区间的差异，同一产品在不同地区销售时可以制定不同的价格。例如：班机与轮船上由于舱位对消费者的效用不同而票价不一样；电影院、戏剧院或赛场中由于观看的效果不同而票价不一样。

（3）基于产品差异的差别定价。虽然质量和规格相同的同种产品的成本不同，但企业在制定定价时，并不根据成本不同按比例定价，而是按外观和式样不同来定价。这里定价所考虑的真正因素是不同外观和式样对消费者的吸引程度。例如，某些产品有礼品装、普通装及特惠装三种不同的包装，价格往往相差很大。

（4）基于时间差异的差别定价。同一产品在不同时间段的效用是完全不同的，消费者的需求强度也是不同的。在需求旺季时，商品需求价格弹性化，企业可以提高价格；在需求淡季时，价格需求弹性较高，企业可以采取降低价格的方法。

需求差异定价法是许多旅游企业采用的一种常见的定价方法，也是智慧旅游产品定价最重要的定价方法。这种方法比单一价格销售产品更能增加销量，获得更多的“消费者剩余”，即消费者在购买商品时所预料的、情愿付出的价格与市场实际价格之间的差额使企业的盈利达到最大化。通常情况下，一个消费者购买商品实际付出的价格不会高于他愿意支付的价格，对于同一件商品，不同消费者愿意支付的价格是不同的。企业应针对这种需求差异，采用多种价格，满足消费者的不同需求，从而将消费者剩余尽可能多地转化为企业的利润。

企业运用需求差异定价法时，必须具备一定的前提。这些前提条件包括：

（1）符合国家的相关法律法规和地方政府的相关政策。

（2）市场能够细分，且各细分市场具有不同的需求弹性。消费者对商品的需求有明显的差异，需求弹性不同，市场能够细分。

（3）不同价格的执行不会导致本企业以外的企业在不同的市场间进行套利。低价市场和高价市场之间是相互独立的，不能进行交易，否则低价市场的购买者将低价购进的商品在高价市场上出售，会使企业差异定价无法实现。

（4）消费者在主观上或心理上确实认为商品存在差异。

企业运用需求导向定价法时，应充分考虑消费者的因素，体现企业以市场为中心的营销观念。如果应用妥当，能使商品价格符合市场实际情况，但是这种方法的应用较为复杂，企业需要进行深入的市场调研，而要准确地确定消费者对产品价格的认同情况，是一件相当困难的工作。

· 学中做 ·

1. 体验携程旅行网不同人群同一时间预订相同酒店产品有可能价格不同。
2. 体现携程旅行网飞机票价格实时变动，往往离起飞时间越近越贵。

3. 反向定价法

反向定价法是指企业依据消费者能够接受的最终销售价格计算出成本和利润后，逆向推算出产品批发价和零售价。其计算公式为：

出厂价格 = 市场可销零售价格 ×（1—批零差价率）×（1—进销差率）

采用反向定价法的关键在于如何正确测定市场可销零售价格水平。测定的标准主要有：

（1）产品的市场供求情况及其变动趋势；

（2）产品的需求函数和需求价格弹性；

（3）消费者愿意接受的价格水平；

（4）与同类产品的比价关系。

测定的方法主要有：

（1）主观评估法。由企业内部有关人员参考市场上的同类产品比质比价，结合考虑市场供求趋势，对产品的市场销售价格进行评估和确定。

（2）客观评估法。由企业外部的有关部门和消费者代表对产品的性能、效用、寿命等方面进行评议、鉴定和估价。

（3）实销评估法。以一种或几种不同价格在不同消费对象或区域进行实地销售，并采用上门征询、问卷调查、举行座谈会等形式，全面征求消费者的意见，然后判断试销价格的可行性。

采用这一定价法时，企业需要对产品的市场容量和商品的价格弹性进行大体的估计，只有企业的目标利润是确定的，才能确保反向定价法可以运用成功。

（三）竞争导向定价法

竞争导向定价法是指在竞争激烈的市场环境中，企业通过研究竞争对手的生产条件、服务状况、价格水平等因素，依据自身的竞争实力，参考成本和供求状况来确定商品价格，以市场上竞争者的类似商品的价格作为该企业商品定价的参照系的一种定价方法。竞争导向定价主要包括随行就市定价法、产品差别定价法和密封投标定价法。旅游企业对智慧旅游产品定价时，偶尔会使用密封投标定价法，这种方法主要运用于企业投标类产品和服务的定价。

1. 随行就市定价法

随行就市定价法是指企业根据市场竞争格局，采用行业领导者价格或行业平均价格为商品定价的方法。参考行业定价是竞争导向定价法中最普遍的一种定价法，平均价格水平在人们观念中常被认为是“合理价格”，不仅易为消费者接受，而且避免了激烈竞争产生的风险，能为企业带来合理、适度的盈利。但需注意的是，这一方法的适用条件是企业的生产成本与行业平均成本大致接近。

随行就市定价法这种“随大溜”的定价方法，主要适用于需求弹性比较小或供求基本平衡的商品，如大米、面粉、食油以及某些日常用品。这种情况下，如果某企业将价格定高了，就会失去顾客；将价格定低了，需求和利润就不会增加。所以，随行就市是一种较为稳妥的定价方法，也是竞争导向定价法中广为流行的一种方法。

随行就市定价法定价的具体形式有两种：一是随同行业中处于领先地位的大企业价

格的波动而同水平波动；二是随同行业产品平均价格水准的波动而同水平波动。在竞争激烈、市场供求复杂的情况下，单个企业难以了解消费者和竞争者对价格变化的反应，采用随行就市定价法不仅能为企业节省调研费用，而且可以避免贸然变价所带来的风险。同时，各行业价格保持一致也易于同行竞争者之间和平共处，避免价格战和竞争者之间的报复，有利于在和谐的气氛中促进整个行业的稳定发展。

采用这种方法时，企业既可以追随市场领先者定价，也可以采用市场的一般价格水平定价。这要视企业产品的特征及其产品的市场差异性而定。例如，在类似于完全竞争的市场上，企业只能按既定价格出售商品，而毫无控价能力。此时，企业多采用随行就市定价法，即将自己的价格始终与市场价格水平保持一致，并通过数量调整的方式来追逐市场价格的变化，通过降低流通费用来获得必要的利润。一些小型企业多采取随行就市定价法。

2. 产品差别定价法

产品差别定价法是指企业以两种或两种以上反映成本费用的比例差异的不同价格来销售一种产品或服务的定价方法。产品差别定价法是一种进攻性的定价方法。

产品差别定价法的适用条件：

（1）企业必须具备一定的实力，在某一行业或某一区域市场占有较大的市场份额，消费者能够将企业产品与企业本身联系起来。

（2）在质量大体相同的条件下实行差别定价是有限的，尤其对于定位为“质优价高”形象的企业来说，必须支付较大的广告、包装和售后服务方面的费用。

因此，从长远来看，企业只有通过提高产品质量，才能真正赢得消费者的信任，从而在竞争中立于不败之地。

产品差别定价法有以下几种形式：

（1）顾客细分定价。企业将同一种商品或服务按照不同的价格卖给不同的顾客。例如，公园、旅游景点、博物馆将顾客分为学生、年长者和普通顾客，对学生和年长者收取较低的费用；铁路公司对学生、军人售票的价格往往低于普通乘客；自来水公司根据需要将用水分为生活用水和生产用水，并收取不同的费用；电力公司将用电分为居民用电、商业用电、工业用电，对不同的用电收取不同的电费。

（2）产品形式差别定价。企业根据产品的不同型号、不同式样制定不同的价格，但不同型号或式样的产品的价格差额和成本差额是不成比例的。例如：33 英寸彩电比 29 英寸彩电的价格高，但两者的成本差额并不会太大；一件裙子 70 元，成本 50 元，如果在裙子上绣一组花，追加成本 5 元，但价格却可定到 100 元。

（3）形象差别定价。有些企业会根据形象差别对同一产品制定不同的价格。这时，企业可以对同一产品采取不同的包装或商标，以塑造不同的形象，以此来消除或缩小消费者意识到不同细分市场上的产品实质上是同一产品的信息来源。例如，香水厂商可将香水灌装入一只普通瓶中，赋予某一品牌和形象，定价为 20 元；如果用更华丽的瓶子装同样的香水，赋予不同的名称、品牌和形象，定价为 200 元。企业也可采用不同的销售渠道、销售环境来进行差别定价。例如，某商品在平价商店以低价销售，但在精品店则以高价销售。

（4）地点差别定价。企业对处于不同位置或不同地点的产品和服务制定不同的价格，即使每个地点的产品或服务的成本是相同的。例如，影剧院中不同座位的成本费用都一样，却按不同的座位收取不同价格，因为公众对不同座位的偏好不同；火车卧铺从上铺到中铺、下铺，价格逐渐增高。

（5）时间差别定价。价格随着季节、日期甚至钟点的变化而变化。一些公用事业公司对于用户按一天的不同时间、周末和工作日的不同标准来收费；电信公司用户晚上、清晨的电话费用可能只有白天的一半；航空公司或旅游公司在淡季的价格便宜，而旺季的价格全上涨。这样可以促使消费需求均匀化，避免企业资源的闲置或超负荷运转。

延伸阅读 携程、同程逆市门票价格战：门票成在线旅游业新战场

2014 年初，在春节旅游大幅涨价、一票难求的同时，网上预订门票却出现大幅降价的“奇观”。1 月 23 日，携程正式对外宣布，携程网站和手机客户端 5 000 多家景区门票参与降价返现，有个别景区门票返现后只需 0 元。

知情人士透露，携程网、同程网已在数千家景区门票上进行拉锯战，在春节黄金周双方也会有价格战大动作，“2014 年，门票已成为在线旅游主战场”。有业内人士称，景区门票市场需求大，网络渗透率低，2014 年将成为各家 OTA 争夺的重中之重。

返现达门票价格 50%。随着携程 2013 年底宣布投入两亿元进军门票市场，元旦以来，OTA 的门票价格战，已经全面加码进入贴身肉搏的程度。携程、同程展开“双程争霸”，短短两周有些景区的返现金额上涨最高达 50 倍，一张门票送客户 100 多元，达到门票售价的 50% 以上。门票价格战力度已经超过机票、酒店。

携程地面服务事业部相关人士表示，在这个景区门票的返现大战中，携程返现金额较高，在销售量上效果非常明显。2014 年以来，携程全面加大了门票返现优惠力度，同程网等 OTA 也加入价格竞争。“携程对门票市场志在必得，为了吸引用户做大市场，门票价格必须降下来，携程将把价格战进行到底。”携程方面表示。

3. 密封投标定价法

密封投标定价法是指对于许多大宗商品、原材料、成套设备、建筑工程项目的买卖和承包等，往往采用发包人招标、承包人投标的方式来选择承包者，确定最终承包价格。一般来说，招标方只有一个，处于相对垄断地位；而投标方有多个，处于相互竞争地位。标的物的价格由参与投标的各个企业在相互独立的条件下来确定。在买方招标的所有投标者中，报价最低的投标者通常中标，其报价就是承包价格。企业运用密封投标定价法时最大的困难在于估计中标概率，这往往取决于竞争对手如何投标，而每个参与者总是严格地保守商业秘密。企业只能通过猜测、调研及搜集历史资料尽可能地准确估计。

密封投标定价法主要用于投标交易方式。如建筑施工、工程设计、设备制造、政府采购、科研课题等需要投标以取得承包合同的项目。其运作流程是：招标者（买方）首先发出招标信息，说明招标内容和具体要求；参加投标的企业在规定期间内密封报价来参与竞争。其中，密封价格就是投标者愿意承担的价格。这个价格主要考虑竞争者的报价研究决定，而不能只看本企业的成本。在投标中，投标企业报价的目的是中标，所以报价要力求低于竞争者。

密封投标定价法的步骤如下：

（1）企业估算此次竞标的标的物的成本，依据成本利润率计算企业可能盈利的价格水平，确定备选的投标价格方案，并计算各方案收益。

（2）估计各个竞标对手的情况和可能的报价，估计各方案的中标概率。

（3）根据每个方案可能的收益和中标概率计算每个方案的期望利润。其计算公式为：

每个方案的利润期望值 = 每个方案可能的收益 × 中标概率（%）

（4）根据企业的投标目的来选择投标方案。

运用密封投标定价法时，企业要尽可能多地收集投标项目和竞标对手的信息，通过对中标概率的历史数据的统计分析，估算竞标对手高于某一价格的概率，计算本公司赢得标的的概率。

企业在使用密封投标定价法时需要注意的问题是：

（1）机会成本。企业的生产能力是有限的，应当考虑承担此次项目是否会减少其承接其他利润更大的项目的机会。有时企业为了争取长远的收益，会低价竞标，通过项目的实施与招标方建立合作关系，树立良好的信誉和形象，以期将来获得更大的项目。

（2）沉没成本。企业应考虑投标所需的准备费用、信息的收集费用、对竞争对手估算的费用，这些都是即使不中标也无法收回的沉没成本。

（3）增量成本。企业应考虑在中标后的增量成本是否小于其增量收入，以防产生“胜利者的懊悔”。

密封投标定价法是一种以竞争为导向的定价方法，企业在定价过程中除了使用一定的模型和方法进行计算外，还需要密切注意竞标对手的动向，及时调整自己的标价。

四、智慧旅游产品定价策略

智慧旅游产品定价策略需要与旅游企业的整体营销战略相辅相成，定价过程具有协调性和整体性。通常情况下，定价策略属于整体营销战略，它和营销组合的其他要素应当保持一致并产生协同作用。常见的智慧旅游产品定价策略定价策略主要有折扣定价、心理定价、新产品定价等。

（一）折扣定价

折扣定价是指对基本价格作出一定的让步，直接或间接降低价格，以争取顾客，扩大销量。其中，直接折扣的形式有数量折扣、现金折扣、功能折扣、季节折扣，间接折扣的形式有回扣和津贴。

1. 数量折扣

数量折扣是指按购买数量的多少分别给予不同的折扣。购买数量越多，折扣越大。其目的是鼓励大量购买，或集中向本企业购买。数量折扣包括累计数量折扣和一次性数量折扣两种形式。累计数量折扣规定顾客在一定时间内，购买商品若达到一定数量或金额，则按其总量给予一定折扣，其目的是鼓励顾客经常向本企业购买，成为可信赖的长期客户。一次性数量折扣规定一次购买某种产品达到一定数量或购买多种产品达到一定金额，则给予折扣优惠，其目的是鼓励顾客大批量购买，促进产品多销、快销。

数量折扣的促销作用非常明显，企业因单位产品利润减少而产生的损失完全可以从销量的增加中得到补偿。此外，销售速度的加快，使企业资金周转次数增加，流通费用下降，产品成本降低，从而导致企业总盈利水平上升。

运用数量折扣策略的难点是如何确定合适的折扣标准和折扣比例。假如享受折扣的购买数量标准定得太高，比例太低，则只有很少的顾客才能获得优待，绝大多数顾客将感到失望；购买数量标准定得过低，比例不合理，起不到鼓励顾客购买和促进企业销售的作用。因此，企业应结合产品特点、销售目标、成本水平、企业资金利润率、需求规模、购买频率、竞争者手段以及传统的商业惯例等因素来制定科学的折扣标准和比例。

2. 现金折扣

现金折扣是对在规定的时间内提前付款或用现金付款者所给予的一种价格折扣，其目的是鼓励顾客尽早付款，加速资金周转，降低销售费用，减少财务风险。采用现金折扣一般要考虑三个因素：折扣比例、给予折扣的时间限制、付清全部货款的期限。例如，付款期限折扣表示为“3/20，Net 60”，其含义是在成交后 20 天内付款，买者可以得到 3% 的折扣，超过 20 天，在 60 天内付款不予折扣，超过 60 天付款要加付利息。

由于现金折扣的前提是商品的销售方式为赊销或分期付款，因此，有些企业采用附加风险费用、治理费用的方式，以避免可能发生的经营风险。同时，为了扩大销售，分期付款条件下买者支付的货款总额不宜高于现款交易价太多，否则就起不到折扣促销的效果。

提供现金折扣等于降低价格，所以，企业在运用折扣形式时要考虑商品是否有足够的需求弹性，保证通过需求量的增加使企业获得足够利润。此外，企业运用这种折扣形式时必须结合宣传手段，使顾客知晓自己将得到的好处。

3. 功能折扣

中间商在产品分销过程中所处的环节不同，其所承担的功能、责任和风险也不同，企业据此给予不同的折扣称为功能折扣。对生产性用户的价格折扣也属于一种功能折扣。企业应考虑中间商在分销渠道中的地位、对生产企业产品销售的重要性、购买批量、完成的促销功能、承担的风险、服务水平、履行的商业责任，以及产品在分销中所经历的层次和在市场上的最终售价等，从而确定功能折扣的比例。功能折扣的结果是形成购销差价和批零差价。

鼓励中间商大批量订货，扩大销售，争取顾客，并与生产企业建立长期、稳定、良好的合作关系是实行功能折扣的一个主要目标。功能折扣的另一个目的是对中间商经营的有关产品的成本和费用进行补偿，并让中间商有一定的盈利。

4. 季节折扣

有些商品的生产是连续的，而其消费却具有明显的季节性。为了调节供需矛盾，这些商品的生产企业便采用季节折扣的方式，对在淡季购买商品的顾客给予一定的优惠，使企业的生产和销售在一年四季能保持相对稳定。例如，啤酒生产厂家对在冬季进货的商业单位给予大幅度让利，羽绒服生产企业则为夏季购买其产品的客户提供折扣。

企业应考虑成本、储存费用、基价和资金利息等因素，确定季节折扣比例。季节折扣有利于减轻库存，加速商品流通，迅速收回资金，促进企业均衡生产，充分发挥生产和销售潜力，避免因季节需求变化所带来的市场风险。

5. 回扣和津贴

回扣是间接折扣的一种形式，是指购买者在按价格目录将货款全部付给销售者以后，销售者再按一定比例将货款的一部分返还给购买者。津贴是企业为特殊目的，对顾客以特定形式所给予的价格补贴或其他补贴。例如，当中间商为企业产品提供了包括刊登地方性广告、设置样品陈列窗等在内的各种促销活动时，生产企业给予中间商一定数额的资助或补贴。又如，对于进入成熟期的消费者，开展以旧换新业务，将旧货折算成一定的价格，在新产品的价格中扣除，消费者只需支付差额，以刺激消费需求，促进产品的更新换代，扩大新一代产品的销售。

（二）心理定价

心理定价是指企业在制定产品价格时，运用心理学的原理，根据不同类型消费者的消费心理来制定价格，它是定价的科学和艺术的结合。当企业采用成本导向、需求导向或者竞争导向定价法制定出了一个基础价格后，这个价格并不一定能被市场和消费者接受。为了既能让价格被消费者接受，又使企业自身满意，企业应该针对不同的消费心理调整原先制定的基础价格。不同的企业有不同的定价目标，不同的消费者群有不同的消费心理，因此企业应该运用不同的心理定价策略。常见的心理定价策略包括尾数定价策略、声望定价策略、招徕定价策略、习惯定价策略等。

1. 尾数定价策略

尾数定价是指在商品定价时，取尾数而不取整数，使消费者购买时在心理上产生商品特别便宜的感觉。尾数定价策略以暗示效应为基础，它暗示消费者这种商品的价格是商家经过认真核算的，可信度高。

调查表明：价格尾数的微小差别往往会给人以不同的效果。顾客通常认为 199 元的商品比 200 元钱的商品便宜很多，而 201 元的商品较贵。

尾数定价策略之所以能够普遍采用，是因为其有如下两种心理功能：（1）给消费者带来价格偏低的感觉。（2）在不同的国家和地区，由于风俗习惯、文化传统和信仰的影响，消费者往往存在对某些数字的偏爱或忌讳，如很多人喜欢“6”“8”“9”。企业若以这些数字作为尾数进行定价，易吸引消费者关注。

2. 声望定价策略

声望定价策略是指将在顾客中有声望的商店、企业的商品价格定得比一般的商品要高的定价策略。它是根据消费者对品牌、商品的信任心理而使用的价格策略。

与尾数定价策略迎合消费者的求廉心理相反，声望定价策略迎合了消费者的高价显示心理。这是因为消费者受相关群体、所属阶层、地位、身份等外部刺激而愿意花高价购买某些商品，以达到显示身份、地位、实现自我价值的目的。

3. 招徕定价策略

招徕定价策略是指企业通过对某些商品的低定价以吸引顾客，目的是招徕顾客在购买低价商品时也购买其他商品，从而提高企业的销售额。这种定价策略在超市中使用得比较普遍。

企业采用招徕定价策略时要注意三个方面：（1）特廉价格商品的确定。这种商品既要对顾客有一定的吸引力，又不能价值过高以致大量低价销售会给企业造成较大的损失。（2）数量要充足，保证供应，否则没有购买到特价产品的顾客会有一种被愚弄的感觉，会严重损害企业形象。（3）引起顾客注意是增加销售额的前提。当顾客因特价等因素前来购买时，一定要注意采取措施使顾客的注意力发生分散，如将特价商品放置在商店靠里的位置或在现场增加其他商品的 POP 广告，以免顾客只购买特价商品。

4. 习惯定价策略

习惯定价是指根据顾客的习惯价格心理而定价。习惯定价策略适用于日常大量消费的商品。由于顾客对这类商品价格变动较为敏感，因此企业对这些商品定价时要充分考虑顾客的习惯倾向，采用“习惯成自然”的定价策略。对顾客已经习惯了的价格不宜轻易变动。降低价格会使顾客怀疑产品质量有问题。提高价格会使顾客产生不满情绪，导致购买的转移。在不得不需要提价时，应采取改换包装或品牌等措施，减少抵触心理，并引导顾客逐步形成新的习惯价格。

（三）新产品定价

新产品定价是企业定价的一个重要方面。新产品定价合理与否，不仅关系到新产品能否顺利地进入市场，占领市场，取得较好的经济效益，而且关系到产品本身的命运和企业的前途。常见的新产品定价策略包括撇脂定价、渗透定价和满意定价。

1. 撇脂定价

撇脂定价，又称“取脂定价”，是指在新产品上市之初，将价格定得很高，以便在短期内获取厚利，迅速收回投资，减少经营风险。“撇脂”比喻从鲜奶中撇取乳酪，含有取其精华之意。

撇脂定价产品适用于高收入阶层和早期使用型消费者，这类消费者对新产品价格不太敏感，求新、求奇的愿望很强烈，高价反而会有助于增加产品的吸引力。所以，新产品上市之初，企业必须争取时间，趁竞争者尚未进入市场，抢先用高价获取高额利润。随着企业大批量生产的出现，成本显著下降，竞争者进入市场，产品新颖性降低。

2. 渗透定价

与撇脂定价相反，渗透定价是一种建立在低价基础上的新产品定价策略，即在新产品进入市场初期，把价格定得很低，借以打开产品销路，扩大市场占有率，谋求较长时期的市场领先地位。老产品也可采用这种定价策略来延长其生命周期。渗透定价是一种颇具竞争力的薄利多销策略。采用渗透定价的企业，在新产品入市初期，利润可能不高，甚至亏本，但通过排除竞争，开拓市场，却可以在长时期内获得较高的利润，因为大批量销售会使边际成本下降，边际收入上升。如果企业排除了竞争对手，控制了一定的市场，就可以提高价格，增加利润。所以，渗透定价策略又被称为“价格先低后高策略”。渗透价格通常既低于竞争者同类产品的价格，又低于消费者的预期价格。

3. 满意定价

许多企业对新产品既不定高价，也不定低价，而确定一个中间价格（简称中价），中价即“满意价格”。高价和低价各有利弊，各有一定的风险，中价介于两种价格水平之间，取两者之利，弃两者之弊，应该说是一种较为公平、正常的价格。在大多数情况下，企业往往会选择一种对消费者、生产者和中间商都相对有利的满意价格，既不太高又不过低。

……思考与练习……

1. 简述智慧旅游产品定价方法。
2. 阐述智慧旅游产品定价策略。

任务六 认知智慧导览体系下的销售渠道

任务内容

1. 了解智慧导览体系下销售渠道的概念；
2. 掌握智慧导览体系下销售渠道的分类。

在新的发展环境和发展模式下，旅游产业只有不断创新，才能持续发展，传统运营管理经验和做法越来越难以适应新的时代条件和社会需求。如今，自由行和自助游开始成为游客主要的出行方式，游客通过智慧导览产品线上购买智慧旅游产品已经是大势所趋，旅游企业应充分识别游客的线上购买渠道。

一、智慧导览体系下销售渠道的概念

（一）销售渠道

销售渠道是指某种产品从生产者向消费者或用户转移过程中所经过的一切取得所有权的商业组织和个人，即产品所有权转移过程中所经过的各个环节连接起来形成的通道。销售渠道是一个销售网络，销售主要分直销和渠道销售。直销即企业直接面对最终使用客户，渠道销售的对象是代理商和经销商。销售渠道按其有无中间环节和中间环节的多少，可分为四种基本类型：生产者—用户（Ⅰ型）、生产者—零售商—用户（Ⅱ型）、生产者—批发商—零售商—用户（Ⅲ型）和生产者—代理商—批发商—零售商—用户（Ⅳ型）。

（二）智慧导览体系下销售渠道

智慧导览体系下销售渠道是指借助智慧导览产品形成的旅游产品和服务的销售渠道，既包括线上销售渠道又包括线上线下重叠的销售渠道。

二、智慧导览体系下销售渠道的分类

移动互联网时代，游客获取信息的渠道不断增加，越来越多的游客在出行之前通过导航软件、旅游搜索引擎、社区分享平台、公众号、旅游 App 等获得了足够的旅游信息，并通过智慧导览体系下销售渠道形成购买行为。智慧导览体系下销售渠道主要包括智能导航类渠道、旅游电商类渠道、社区分享平台类渠道、自主开发型渠道等。

（一）智能导航类渠道

旅游产品供应商与高德地图、百度地图和腾讯地图等智慧导览产品开展商家合作，通过智能导航渠道进行旅游产品和服务销售。

商家如何入驻高德地图 　　案例应用

一、入驻流程

1. 打开高德地图，在我的页面点击“我的店铺”。
2. 点击橙色按钮输入门店查询入驻方式。
3. 在搜索框中输入自己的店铺名称，点击店铺名称后面的“认领该地点”。
4. 点击橙色按钮“立即入驻”，提交相关资料即可。

二、入驻模式

商家应先完善门店信息，即进行店铺装修，让门店的对外展示效果更好。因为用户无论是直搜还是泛搜索（关键词搜索），一定会先看到门店的整体形象。目前高德地图针对商家有两种入驻模式。

一是免费入驻，即标记位置信息，标记完成后的商家会展示名称、地点和营业时间，认证后的商家会有浅色的 V 标识，商家可修改基本信息，前端效果如图 6-1 所示：

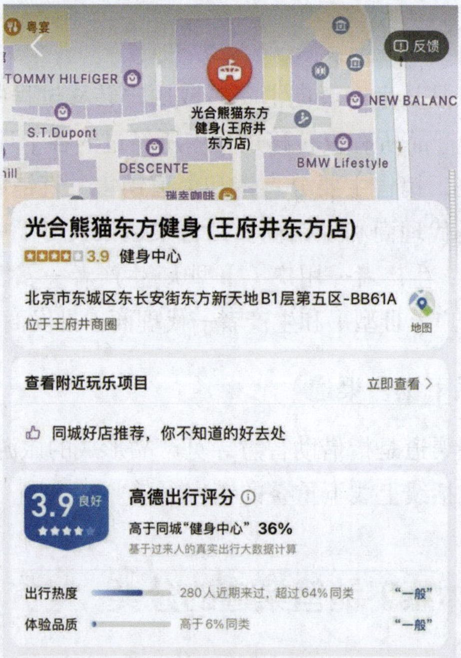

图 6-1　商家入驻高德前端效果图（免费入驻）

二是付费入驻，分为高德地图旺铺和口碑店铺，两个平台都有行业准入要求。高德地图旺铺是高德地图官方的产品，价格更有优势，交易0抽佣，有更多的营销（排名提升）管理工具。展示效果（深色V标识）如图6-2所示：

图6-2 商家入驻高德前端效果图（付费入住）

如果高德地图渠道获客对于某类商家特别重要，那么商家一定要开通高德地图旺铺产品功能（见图6-3）。对于客单价较高的行业商家，1个拉新就可抵消高德地图旺铺1年的入驻费用。开通高德地图旺铺后，商家会享有更多的后台管理工具，如图片无上限，如果商家上传的图片数量超过60张，就会提升店铺的整体权重，以及可以发布团购和代金券商品、添加品牌故事、查看经营参谋、投放推广通广告等。

（二）旅游电商类渠道

旅游产品供应商可与携程、同程、艺龙、飞猪等旅游电商平台合作，通过这些旅游电商渠道销售各类旅游产品，游客通过旅游电商页面搜索进行预订。

图 6-3　高德地图旺铺产品界面

商家如何入驻携程　　案例应用

1. 打开携程，在“我的”界面点击“全部工具”。

2. 在“互动参与”栏点击“我要合作”。

3. 进入“加盟合作”，根据业务需要进行合作事项办理（见图 6-4）。

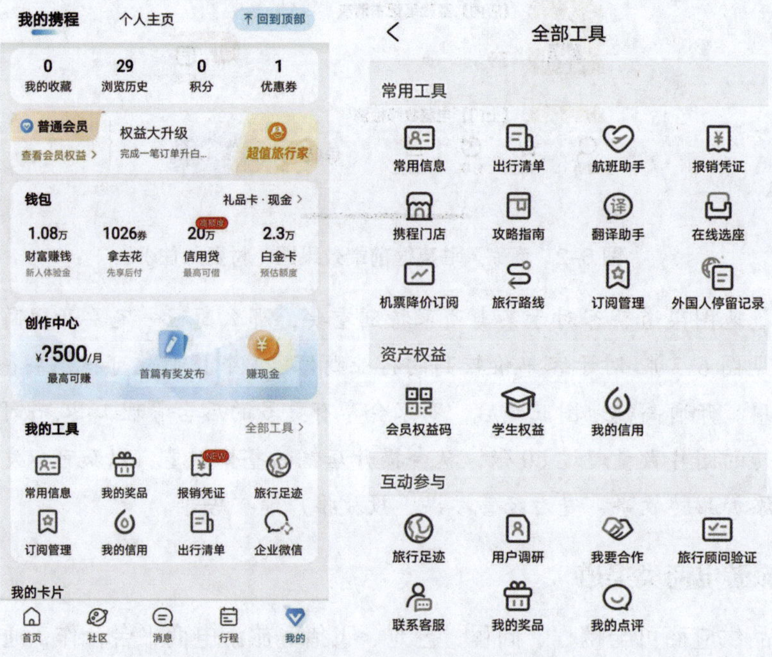

图 6-4　商家入驻携程旅行网流程界面

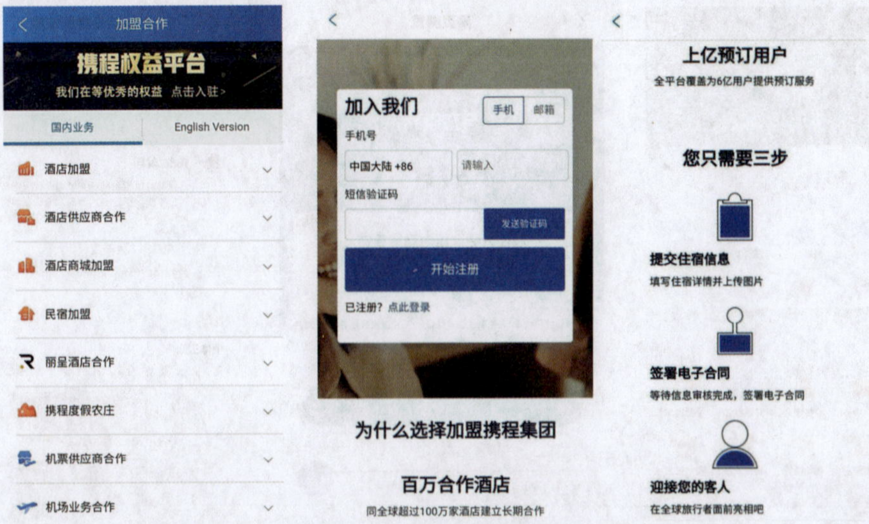

图 6-4 商家入驻携程旅行网流程界面（续）

（三）社区分享平台类渠道

旅游产品供应商通过与社区分享平台合作，在抖音、快手、小红书、马蜂窝等社区分享平台内容分享后引流进行销售。

商家如何入驻抖音 案例应用

1. 打开抖音，点击“创作者服务中心”。
2. 点击“全部”，在“涨收入”中点击“开通小店”。
3. 点击“立即入驻”，根据要求提交相关资料即可（见图 6-5）。

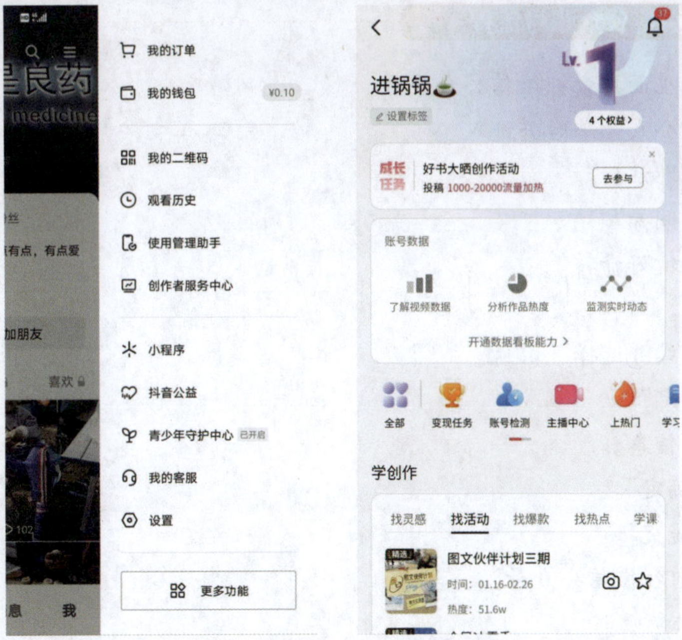

图 6-5 商家入驻抖音流程界面

图 6–5　商家入驻抖音流程界面（续）

（四）自主开发型渠道

自主开发型渠道本质上类似于线上售票处，拥有超级 IP 的企业通过其微信公众号、官方网站和自主研发 App 渠道进行销售。

企业申请微信公众账号流程　　案例应用

1. 在浏览器里面搜索：微信公众平台。
2. 找到微信公众号平台并进入。
3. 点击“立即注册”。
4. 点击“订阅号”。
5. 按照要求填好资料。
6. 选择类型。
7. 点击“继续并选择”。
8. 点击“确定”。
9. 填写真实信息。
10. 点击“确定”。
11. 填写“提交”。
12. 点击“前往微信公众号”。
13. 完成。

嘉兴银杏天鹅湖景区微信公众号购票系统

案例应用

嘉兴银杏天鹅湖微信公众号购票界面如图 6-6 所示。

图 6-6　嘉兴银杏天鹅湖微信公众号购票界面

思考与练习

1. 简述智慧导览体系下销售渠道的概念。
2. 简述智慧导览体系下销售渠道的分类。

任务七 认知智慧促销

任务内容

1. 了解智慧促销的概念及特点；
2. 掌握智慧促销的分类。

智慧促销并不是要放弃传统旅游促销，而是在传统旅游促销的基础上，通过方法创新和技术创新，全面提升旅游促销的效率和效果，更好地达到推广旅游资源、销售旅游产品的目的。

一、智慧促销概述

（一）促销

促销是指营销者向消费者传递有关本企业及产品的各种信息，说服或吸引消费者购买其产品，以达到扩大销售量目的的一种活动。促销实质上是一种沟通活动，即营销者（信息提供者或发送者）发出作为刺激消费的各种信息，把信息传递到一个或更多的目标对象（即信息接收者，如听众、观众、读者、消费者或用户等），以影响其态度和行为。促销手段包括广告、人员推销、营业推广和公共关系。

1. 广告

广告是指为了某种特定的需要，通过一定形式的媒体，并消耗一定的费用，公开而广泛地向公众传递信息的宣传手段。广告有广义和狭义之分。广义的广告包括非经济广告和经济广告。非经济广告是指不以营利为目的的广告，如政府行政部门、社会事业单位乃至个人的各种公告、启事、声明等。狭义的广告仅指经济广告，又称商业广告，是指以营利为目的的广告，通常是商品生产者、经营者和消费者之间沟通信息的重要手段，或企业占领市场、推销产品、提供劳务的重要形式。

广告不仅有助于创立一个公司或产品的长期形象，而且能促进快速销售，广告能传达给地域广阔又分散的广大消费者，每个都是一种较为有效，并被广泛使用的沟通促销方式。其主要特点有：

（1）公开展示性。广告是一种高度公开的信息沟通方式，使目标受众联想到标准化的产品，许多人接受相同的信息。

（2）普及性。广告突出“广而告之”的特点，也就是普及化、大众化，销售者可以多次反复向目标受众传达这一信息，购买者可以接受和比较同类信息。

（3）艺术的表现力。广告可以借助各种形式、手段与技巧，提供将一个公司及其产品戏剧化的表现机会，增大其吸引力与说服力。

（4）非人格化。广告是非人格化的沟通方式，广告的非人格化决定了在沟通效果上，广告不能使目标受众直接完成某种行为反应。这种沟通是单向的，受众并无义务注意和作出反应。

2. 人员推销

人员推销是指企业派专职或兼职的推销人员直接向可能的购买者进行的推销活动，是一种具有很强人性因素的、独特的促销手段。它具备许多区别于其他促销手段的特点，可完成许多其他促销手段所无法实现的目标，其效果是极其显著的。相对而言，人员推销较适用于推销性能复杂的产品。当销售活动需要更多的解决问题和说服工作时，人员推销是最佳选择。说服和解释能力在人员推销活动中尤为重要，它会直接影响推销效果。其主要特点有：

（1）面对面沟通。推销人员是以一种直接、生动、与消费者相互影响的方式进行营销活动。推销人员在与消费者的直接沟通中，通过直觉和观察，可以探究消费者的动机和兴趣，从而调整沟通方式。

（2）人际关系培养。推销人员与消费者在交易关系的基础上，建立与发展其他各种人际沟通关系，人际关系的培养使推销人员可以得到消费者更多的理解。

（3）直接的行为反应。人员推销可以产生直接反应，但人员推销的成本较高。

3. 营业推广

营业推广，又称销售促进，属于短期性刺激工具，用以刺激消费者较大量地购买某一种特定的产品或服务。其主要特点有：

（1）迅速的吸引作用。营业推广可以迅速地引起消费者注意，将消费者引向购买。

（2）强烈的刺激作用。通过采用让步、诱导和赠送的办法带给消费者某些利益。

（3）明显的邀请性。营业推广以一系列具有短期诱导性的手段，显示出邀请消费者前来与之交易的倾向。

在公司促销活动中，运用营业推广方式可以产生更为强烈、迅速的反应，快速扭转销售下降的趋势。然而，它的影响常常是短期的，营业推广不利于形成产品的长期品牌偏好。

4. 公共关系

公共关系是指某一组织为改善与社会公众的关系，促进公众对组织的认识、理解及支持，达到树立良好组织形象、促进商品销售目的的一系列公共活动。其本意是社会组织、集体或个人必须与其周围的各种内部、外部公众建立良好的关系。它是一种状态，任何一个企业或个人都处于某种公共关系状态之中；它又是一种活动，当一个工商企业或个人有意识地、自觉地采取措施去改善和维持自己的公共关系状态时，就是在从事公共关系活动。其主要特点有：

（1）高度可信性。与广告相比，新闻故事或专题的可信性要高得多。

（2）消除回避、防卫心理。消费者对营销人员和广告或许会产生回避心理，而公关宣传是企业以一种隐避、含蓄、不直接触及商业利益的方式与消费者进行信息沟通，从而可以消除消费者的回避、防卫心理。

（3）新闻价值。公关宣传具有新闻价值，可以引起社会的良好反应，甚至产生社会轰动效果，从而有利于提高企业的知名度，促进消费者发生有利于企业的购买行为。

企业运用公关宣传手段也要支出一定的费用，但这与广告或其他促销工具相比要低得多。公关宣传的独有性决定了其在企业促销活动中的作用，如果将一个恰当的公关宣传活动同其他促销方式协调起来，可以取得极大的效果。

（二）智慧促销的概念和特点

1. 智慧促销的概念

智慧促销是指将广告、人员推销、营业推广和公共关系等传统促销手段线上化、智慧化，利用移动互联网思维结合传统促销手段进行销售，以影响消费者的购买行为。

2. 智慧促销的特点

（1）跨时空性。智慧促销的最终目的就是占据市场份额，由于互联网具有超越时间约束和空间限制进行信息交换的特点，因此使得脱离时空限制达成交易成为可能，这样企业就会有更多时间和空间进行促销。

（2）互动性。互联网被设计成可以传输多种媒介信息的通道，使达成交易进行的信息交换能以多种形式存在，可以充分发挥促销人员的创造性和能动性，互联网通过展现产品图像、信息、相关的查询来实现供需互动与双向沟通。

（3）高效性。互联网可以存储大量的信息，可以及时、有效地了解并满足消费者的需求，可以根据消费者需求定向促销，具有高效特征。智慧促销建立在互联网的基础上，企业实施智慧促销必须有一定的技术投入和技术支持，改变传统的组织形态，优化信息管理部门的功能，这样才能具备市场竞争优势。

（4）高成长性。互联网用户快速成长并遍及全世界，消费者拥有很强的购买力以及影响力，智慧促销正在全球范围内高速发展。

二、智慧促销的分类

智慧促销分为智慧广告、智慧人员推销、智慧营业推广、智慧公共关系。

（一）智慧广告

智慧广告是指通过网站、网页、互联网应用程序等互联网媒介，以文字、图片、音频、视频或者其他形式，直接或者间接地推销商品或者提供服务的商业广告。与传统的四大传播媒体（报纸、杂志、电视、广播）广告及备受垂青的户外广告相比，智慧广告具有得天独厚的优势，是实施现代营销媒体战略的重要部分。

在移动互联网环境下，广告商可以追踪、研究用户的偏好，这是互联网营销的优势，也是其精准营销的基础。与传统媒体相比，每个 IP 背后的网民的上网行为、浏览习惯、注册的个人信息都可通过技术手段获取、挖掘，通过对上述内容的长期积累和深度分析，广告商便有机会深入了解用户行为和喜好，按照每个用户的行为特点、地域、兴趣爱好等挑选最匹配的广告信息。一个旅游爱好者与一个汽车爱好者在访问同一个网站的页面时，看到的广告并不相同，因为系统已经记录了他们的行为习惯和喜好，使得广告的设定不再千篇一律。

1. 信息流广告

信息流（Feeds）广告是指在社交媒体用户好友动态，或者资讯媒体和视听媒体内容流中的广告。这种穿插在内容流中的广告，对用户来说体验相对较好；对广告主来说可以利用用户的标签进行精准投放。在移动互联网时代，信息流广告迎来了爆炸式增长，几乎所有的互联网媒体都推出了信息流广告平台。触发行为：用户的浏览或观影习惯、关键词字的搜索、查询路径等。根据平台的属性可分为：社交类、资讯类、视频类。

2. 搜索引擎广告

搜索引擎广告是指广告主根据产品或服务的内容、特点等，确定相关的关键词，撰写广告内容并自主定价投放的广告。当用户搜索到广告主投放的关键词时，相应的广告就会根据竞价排名原则展示，并在用户点击后按照广告主对该关键词的出价收费，不点击不收费。触发行为：广告主购买的关键词被精准用户搜索从而触发广告。特点：精准度高，来源于用户的主动搜索；无互动性，用户行为占主导。

3. 品牌广告

品牌广告，即以树立产品品牌形象、提高品牌的市场占有率为直接目的，突出传播品牌在消费者心目中的位置。企业通过投放品牌广告，可以十分鲜明地与其他品牌区别开来，促使消费者对该品牌留下深刻的印象。特点：突出品牌，高曝光率，广告主可以按照时间段、资源位、地理位置等多种方式进行定向投放。

4. 效果广告

效果广告在基于效果为基础的广告系统中，广告主只需要为可衡量的结果（如注册、登录、下单等）付费，效果广告最重要的一点是当天投入、当天见效，这是互联网广告的最大优势。企业在移动端投放的广告数据，如点击量、下载量和注册量，都可以监控到。效果广告的特点：短平快，广告主有严格的效果考核要求，根据不同的计费模式核算最终成本，明确地计算每一条信息所花费的成本，广告主清晰地了解最终订单的成本，人群更精准化。

（二）智慧人员推销

智慧人员推销主要表现为人员直播营销。直播因为其直观性和即时互动性、代入感和娱乐性强的特点，在信息展示、用户沟通、宣传营销等方面具有较大优势。

直播营销是以直播平台为载体，达到企业获得品牌的提升或销量增长的目的。作为数字时代背景下的创新性营销策略，与传统营销目的一致，即改变消费者对品牌的态度并激发消费者的购买欲。商家通过直播平台并利用宣传造势等手段，将用户分散在各处的注意力转移到直播平台，聚焦在某一特定的时间段，通过吸引更多注意力的方式强化用户的黏性、优化品牌信任度，形成“粉丝经济”，进而实现营销的最终目标。

如今，直播营销逐渐成为主流的营销方式，网络直播平台以其低门槛的优势使得人人都可以直播，商家可以利用直播平台进行产品宣传，企业可以通过直播平台展示现场活动。随着网络直播的快速普及，医疗、旅游等行业进入直播领域，网络直播今后将会迎来更为广阔的发展空间。由于不少企业逐步认识到直播平台的优势，使直播一度成为营销的重要方式。换句话说，网络直播平台将会成为企业竞争的重要战场。

1. 明星直播

众所周知，在新媒体时代，“明星效应”具有强大的效用。尤其是当前直播已经进入了全民直播、平民化阶段，有大牌明星的加入无疑能吸引受众粉丝的眼球，产生一系列的轰动效应。由于明星的传导能力强、关注度高，可为品牌带来颇为可观的销量。以明星来带动品牌的销量和知名度效应巨大，并且关注度高。

2. 电商直播

在网络直播出现以前，网络购物的主要形式有：（1）C2C 购物网站。这类模式是商家对商家、个人对个人，消费者借助 C2C 平台购买商品，如淘宝网、拍拍网等。（2）B2C 购物网站，如当当网、京东等。

网络直播平台的出现为网络电商带来新的发展机遇。“直播 + 电商”营销模式以其独特的魅力吸引着消费者，给消费者一种前所未有的购物体验。

（1）消费者能够全方面定位产品与服务，直播平台中的视频本身所带有的直观的语言与色彩，远比图片与文字来得更为丰富，能够更为直接、有效地展现产品信息与企业形象。

（2）消费者通过直播平台，能达到与电商开展实时的互动，及时了解产品细节，同时实时对商品提出反馈意见。

（3）相较于传统的购物方式，直播购物能够更好地采取商品购买的决策权，提升购买决策效率。

商家直接将商品链接放置在直播画面中，方便消费者“随看随消费”，部分直播中网红、明星的加入将直播购物演变为娱乐性生活方式，既能节省购物的时间，又能达到购买、刺激冲动消费的目的。

“电商 + 直播”的营销模式以全新的互动体验，拉近了卖家与买家之间的距离。受众在关注主播的同时，在无形之中被营销，并获得一种真实、贴心的购物体验。

3. 现场直播

将活动现场呈现给受众已经成为各大网站、卫视、企业营销自身的一种新兴形式。企业通过直播软件平台将产品发布会、演唱会、晚会以及电台直播间等各种活动现场全程并实时呈现给受众，加深受众的参与度，让他们仿若身临其境。它区别于电视上单向的视频直播，是一种融入度高的体验式营销。2022 年 7 月 25 日，“直播中国”正式上线，它是广电 5G 融合视听服务平台推出的首个内容客户端，包括电视、网络视听和新闻等栏目，为用户提供直播与点播、视频与图文等媒体整合新服务。这样新型的直播方式带给受众方便快捷实时的直播体验，同时加快了活动的传播速度。

4. 深互动直播

通过网络直播平台与公众建立更密切关系的社交方式是直播营销的一种存在模式。网络直播作为媒介，为主播与受众之间塑造了一个虚拟的“朋友圈”。与传统的 QQ、微信等聊天软件相比，网络直播具有更强的亲密感、熟悉度以及真实感。在直播中，主播会与受众进行实时的互动，不仅建立起主播与受众粉丝之间的关系，同时双方通过亲密互动、分享生活隐私等方式满足受众对主播的好奇心，拉近了主播和粉丝之间的距离，进而发展成为互相信任的朋友关系，以平等的社交地位在无形之中引领受众成为消费者。

携程直播内容体系 案例应用

携程直播除了传统的慢直播，还有 BOSS 直播。2020 年携程开始尝试 BOSS 直播，一年开了数十场 BOSS 直播。

根据其官方发布的《2020 携程“BOSS 直播”大数据报告》显示，BOSS 直播开展 4 月累计交易额超过 11 亿元。从直播间内的下单人群年龄来看，主力购买用户为 80 后用户，占比 58.4%；其次是 90 后用户，占比 18.4%；70 后用户占比 17.8%。

携程对直播业务进行了布局，先是 BOSS 直播，后又有品牌日专场直播、商家直播、生态链个人直播等。

在携程旅行 App 上，携程直播具有一级入口，内部具有各类专项场景以及热门话题（见图 7-1）。

图 7-1 携程旅行 App 直播界面

（三）智慧营业推广

智慧营业推广方式众多，当前主流方式包括网络节庆、拼团活动、限时抢购、电子优惠券等。

1. 网络节庆

网络节庆是人为创建的智慧营业推广方式，以“双 11”购物狂欢节和京东“6・18”为代表，还包括暑期欢乐季、会员日等。

“双 11”购物狂欢节和京东“6・18” 案例应用

“双 11”购物狂欢节是指每年 11 月 11 日的网络促销日，源于淘宝商城（天猫）2009 年 11 月 11 日举办的网络促销活动，当时参与的商家数量和促销力度有限，但营业额远超预想的效果，于是 11 月 11 日成为天猫举办大规模促销活动的固定日期。“双 11”已成为中国电子商务行业的年度盛事，影响逐渐波及国际电子商务行业。

京东“6・18”是指每年 6 月是京东的店庆月，每年 6 月 18 日是京东店庆日。在店庆月京东会推出一系列的大型促销活动，以“火红六月”为宣传点，其中 6 月 18 日是京东促销力度最大的一天。京东“6・18”是与“双 11”购物狂欢节遥相呼应的又一大全民网购狂欢节。

2. 拼团活动

拼团活动即商家应用多个人以同样价格选购同一种商品的模式，其目的是快速增加销量或扩大用户引流，是一种相对有效的营销方法。拼团应用是团购 + 社交分享模式的演变，兼具超强吸粉与促销功能，帮助商家快速搭建自己的平台，累积粉丝、管理分销渠道。用户可通过商家的拼团商城，随时发起拼团活动并分享给好友，以老客带新客实现销售几何级增长。

拼团的形成需满足以下因素：商品、价格、团长与团员。

（1）商品并没有具体限制，既可以是水果、衣服等实物，还可以是优惠券、购物币等虚拟商品。

（2）价格是拼团被推广的动力，有两个重要的市场营销学理念作支撑，即互惠互利心理和价格锚点。互惠互利心理是因为受惠于人而产生愧疚感，想要回报对方；价格锚点是用一个比较价格来衬托预先设置好的价格，这个预先设置好的价格就是价格锚点。例如，1 元和 99 元分别是拼团价格和原价格，依据价格锚点，消费者会选择 1 元拼团，而依据互惠互利心理，1 元对于消费者来说是一种优惠，尽管必须达到拼团人数才能得到商品，但消费者会分享出去让好友参团。

（3）团长与团员。前者即推广拼团的人，后者即参与拼团的人。双方多数时候属于同一个社交圈，这也是拼团能够发生并传播的主要因素之一。团长依据价格锚点对商品推广拼团，再依据互惠互利心理邀请一定数量的团员参团，这就是拼团的基本逻辑。

拼团的模式有以下两种：

（1）推广拼团。是最基本、最常见的一种模式，即团长和团员以低于原价组团购买商品，适用于高频率或低单价商品。

（2）阶梯式拼团。即商家设置阶梯式价格，随着群体数量的增加，价格会适当降低，从而激励用户多分享，吸引更多的用户参与活动。活动结束后产生的订单会进行分销奖励，从而达到分销裂变。

3. 限时抢购

限时抢购，又称闪购，是以互联网为媒介的 B2C 电子零售交易活动，以限时特卖的形式，定期定时推出国际知名品牌的商品，一般以原价 1～5 折的价格供专属会员限时抢购，每次特卖时间持续 5～10 天，先到先买，限时限量，售完即止。顾客在指定时间内（一般为 20 分钟）必须付款，否则商品会重新放到待销售商品的行列里。

4. 电子优惠券

电子优惠券是优惠券的电子形式，是指以各种电子媒体（包括互联网、彩信、短信、二维码、图片等）制作、传播和使用的促销凭证。与普通纸质优惠券相比，电子优惠券的制作和传播成本低，传播效果可精准量化。

电子优惠券按计价形式分为两种。一是打折券，指消费（或购买）发生时，消费者（或购买者）可以凭打折券证在商家公开的清单价格基础上，按打折券证所规定的比例折扣计价。二是代金券，指载有一定面值的促销券证。

（四）智慧公共关系

智慧公共关系，又称网络公关、线上公关或 e 公关，它利用互联网的高科技表达手段营造企业形象，为现代公共关系提供了新的思维方式、策划思路和传播媒介。网络公关意在改善、促进公众关系的和谐发展，利用互联网传播方式与公众交流互动，接受网民建议。智慧公共关系的构建流程是先搭建一个有公信力、可信度比较高的传播平台，再以一种消费者喜闻乐见的方式传达出去，让消费者接受一种态度、观念，从而导致公众消费行为发生变化。互联网营销时代，智慧公共关系扮演着越来越重要的角色。

1. 网络公关

公共关系随着网络的普及以及社会公众对网络的使用越来越频繁，网络对社会的舆论导向、对公共事件的评价都有巨大的影响力。网络已经成为消费者对某一品牌或商品影响、评价的第一来源，而且网络信息传播迅速，短时间内就能产生巨大的影响力，网络日益成为企业日常公关活动的主阵地。网络宣传成本相对较低，且针对性强、效率高，有助于企业扩大对外宣传，树立企业品牌，对于企业口碑的形成具有重要的推动作用。

2. 新闻公关

新闻公关，又称新闻行销，是以新闻报道的形式宣传企业及其产品。新闻公关的表现方式客观、公正，在不动声色中将产品信息传达给消费者。新闻公关是公共关系与营销策略之间的一种巧妙组合。新闻公关的核心在于传播，传播目的在于张扬企业良性信息、提高企业知名度，最后达到促进产品销售或塑造企业品牌的目的。出色的新闻公关有三个层面的应用：思维创新、品牌传播与事件营销。

老乡鸡董事长手撕员工联名信

案例应用

2020 年 2 月 8 日，不少企业面临疫情防控和复工的双重压力。晚间，一段题为“老乡鸡董事长手撕员工联名信”的视频通过微博、微信朋友圈等平台广为流传。视频中老乡鸡董事长称由于受疫情严重影响，老乡鸡会面临极大损失，为了帮助企业渡过难关，员工提出疫情期间不拿工资，并签字按手印提交联名信。老乡鸡董事长对此的回应是直接撕掉，并喊话员工，哪怕卖房子、卖车子，也会千方百计确保员工们有饭吃、有班上。强硬的手撕联名信，在餐饮业界中独树一帜，该视频迅速出圈，刷屏网络，在抖音平台的搜索量高达 500 万。该事件也被认为是餐饮业困境之下品牌公关传播的范本。

思考与练习

1. 简述智慧促销的概念。
2. 简述智慧促销的分类。

项目三

旅游目的地智慧导览

项目概述

随着物联网、大数据等相关技术的日趋成熟，消费者的需求日益多样化，为适应市场需求变化，各类智慧项目或场景借助相关信息技术手段为消费者打造更为全面、智慧的综合服务场景，给予消费者更加自由、便捷的服务体验。

作为旅游从业人员，需要具备前沿意识，培养自身接受新事物、学习新技术的综合能力，积极将智慧导览的技术应用于旅游营销、旅游目的地等导游服务过程中。通过本项目学习，学习者可初步了解旅游目的地智慧导览及不同智慧场景导览服务的相关内容和具体实践应用。

知识目标

1. 了解智慧城市、智慧乡村的概念及其具体智慧导览的应用场景；
2. 了解智慧导览在酒店、商场和博物馆场景中的应用与实践。

技能目标

1. 熟悉不同导览软件在各智慧场景中的实践运用；
2. 能够借助相关智慧导览设备辅助导游服务相关工作。

素养目标

1. 践行社会主义核心价值观，在智慧导览相关产业的发展中认识到技术强国，增强文化自信；

2. 具有自我管理能力、职业生涯规划意识，能充分借鉴智慧导览在各场景中的应用经验，提高工作实践能力。

任务八 认知智慧城市导览

任务内容

1. 了解智慧城市的概念与发展；
2. 熟悉智慧城市导览的运用与实践。

智慧城市既是一种新型的城市形态，也是一种政府城市治理政策工具，它的出现是历史发展的必然产物。一方面，智慧城市是应对城市人口不断增长、资源日益短缺而产生的，智慧城市的出现可以提升城市竞争力，实现城市的可持续发展；另一方面，现代信息技术的发展也为智慧城市的产生与发展提供了技术基础。智慧城市以新一代信息技术为基础，通过对城市各类数据的动态监测、分析、整合和运用，实现对城市的全面感知和控制，推动城市整体协调运行。智慧城市导览通过物联网、云计算、地理空间等新一代信息技术以及通信终端等工具的应用，实现对城市全面透彻的感知、宽带泛在的互联和智能融合的应用，打通城市不同部门和不同业务系统间的数据，对城市单元网格、交通运行、生产生活等场景进行可视化管理。

一、智慧城市概述

（一）智慧城市的出现与发展

“智慧城市”一词最早出现于1984年，以“智慧城市”命名的产业技术协会在美国出现。1990年，美国旧金山举行了以“智慧城市、快速系统和全球网络”为主题的国际会议，会议分享了信息技术使城市更智慧的经验。在城市实践上，1992年新加坡的“智慧岛”计划是最早的智慧城市实践。2007年欧盟在《欧盟智慧城市报告》中提出了建设智慧城市的创新构想。2008年11月，IBM总裁兼首席执行官萨缪尔·帕米沙诺在发表题为“智慧地球：下一代领导力议程”的演讲时提出了“智慧城市”这一概念，明确提出将智能感应器嵌入城市各个物体，形成庞大的物联网，通过物联网与互联网的有效整合，实现人们对物理城市的全面感知与掌控，有效控制并协调城市资源，达到可持续发展目的。

2009年9月，美国迪比克市与IBM公司共同宣布建设美国第一个智慧城市，迪比克市运用物联网技术，将城市里的水、电、气、油、交通、公共服务等各种城市公用资源连接起来，监测、整理、分析和运用各种数据，对公众需求做出智能化的响应，实现城市的数字化和智慧化管理。2015 年 9 月，美国政府发布《智慧城市行动倡议》，推广物联网和智能应用，鼓励跨城市合作，利用政府现有政策及资源建设智慧城市。

2009 年，欧盟颁布了"欧盟智慧城市计划""智慧城市和社区的欧洲创新伙伴关系"等政策，鼓励各成员国根据本国特点开展具体实践，推动社会力量参与，不断提升智慧城市的建设水平。日本在智慧城市建设过程中注重发挥企业的作用，并利用市场力量形成合力，借助企业自身优势吸引其他企业和研究机构共同参与，实现智能化生活的打造。新加坡政府在智慧城市建设过程中，更加注重通过发布具体的项目措施以解决生产生活中遇到的实际问题，推动城市管理效率和服务水平的提升。

（二）国内智慧城市的发展

1. 智慧城市的发展历程

随着以物联网、互联网、大数据和云计算为代表的新兴技术的发展，城市的建设正朝着信息化、智能化、智慧化的方向发展。我国也高度重视智慧城市建设，智慧城市逐步成为我国城市建设的新方向。2005 年，南京市对智慧城市政策进行了初步探索，以期解决城市化进程中出现的问题。2009 年，北京市开始落地实施智慧城市的构建。同年福建的泉州、漳州两地也逐步开展智慧城市建设。2010 年，随着"十二五"规划的推出，全国 20 余座城市先后制定了"智慧城市"建设规划。2016 年，国家互联网信息办公室在总结前期智慧城市建设情况的基础上，进一步提出了新型智慧城市理念，在"十三五"规划期间进行 100 个新型智慧城市试点，总结经验并促进城镇化发展质量和水平全面提升。整体来看，我国智慧城市的发展历程分为以下四个阶段：

第一阶段：初步探索阶段（2008—2012 年）

2008 年，中国开始进入了智慧城市的初步探索阶段。随着云计算、物联网等技术的加速发展，智能城市的概念逐渐得到了广泛的认可。上海、南京等城市于 2011 年制定了相关规划，初步探索智慧城市的建设和发展。但从总体上看，这一时期智慧城市的发展速度相对缓慢。

第二阶段：试点发展阶段（2012—2014 年）

自 2012 年始，我国的智慧城市建设进入深入探索阶段。相关部委、省、市政府从上到下出台了具体领域的详细政策以支持智慧城市建设。2012 年 11 月，住建部下发了《关于开展国家智慧城市试点工作的通知》。其中，在住建部的推动下，智慧城市试点示范工作正式启动，第一批试点城市（90 个市、区、县、镇）和第二批试点城市名单陆续发布。2013 年 1 月，住建部公布的首批国家智慧城市试点名单中，覆盖 90 个城市，其中包括 37 个地级市、50 个区（县）和 3 个镇，标志着智慧城市大规模升级运动的开始。

第三阶段：统筹发展阶段（2014—2016 年）

2014 年 8 月，国家发改委、财政部等八部委联合发布《关于促进智慧城市健康发展的指导意见》，将智慧城市建设提升到国家战略层面，详述其发展方针、建设重点和目标规划等并落实到各地区、各部门。同时在国家层面成立了“促进智慧城市健康发展部际协调工作组”。此后，各部门开始协同合作指导地方智慧城市建设，智慧城市建设进入统筹发展阶段。2015 年 4 月，住建部和科技部联合发布了第三批智慧城市试点名单，确定 84 个城市（区、县、镇）为国家智慧城市。

第四阶段：加速发展阶段（2016 年至今）

在这个阶段，中央网信办提出了新型智慧城市的概念并上升为国家战略，明确定义了新型智慧城市的发展目标：形成无处不在的惠民服务、透明高效的在线政府、融合创新的信息经济、精准精细的城市治理、安全可靠的运行体系。分级分类推进新型智慧城市发展，打造智慧高效的城市治理，促进城际间互联互通和信息共享，建立安全可靠的运行体系。2017 年 3 月，我国 95% 的副省级城市、83% 的地级城市，总计超过 500 座城市，均明确提出或正在建设智慧城市。2019 年 1 月 1 日起，国家标准《智慧城市顶层设计指南》正式执行。截至 2022 年 4 月，住建部公布的智慧城市试点数量已达 290 个，超过 700 个城市正在规划和建设智慧城市。其中北京、上海、深圳、广州、杭州等城市已在智慧城市建设方面取得新进展。

2. 我国智慧城市市场规模

据 IDC（国际数据公司）发布的《全球智慧城市支出指南》显示：2022 年中国智慧城市的支出规模已超过 350 亿美元，预计到 2023 年将达到 400 亿美元。中国智慧城市市场的三大热点投资项目依次为可持续基础设施、数据驱动治理以及数字化管理。

目前，我国智慧城市建设已形成遍地开花的总体建设格局，除了环渤海、长三角和珠三角三大经济区域外，中西部地区的智慧城市建设，如成渝经济圈、武汉城市群、鄱阳湖生态经济区和关中天水经济圈等区域均呈现出良好的发展趋势。智慧城市管理、智慧交通、智慧安防、智慧医疗等方面是当前智慧城市投资的关键方向。

（三）智慧城市的概念

目前对智慧城市的定义主要有以下三种主流观点：

从城市运行角度出发，智慧城市是运用物联网、云计算、大数据等新一代信息技术，促进城市规划、建设、管理和服务智慧化的新理念和新模式。虽然该观点强调信息技术支持和智慧化手段，但其核心目的是实现产业升级、高效管理和民生安全。

从城市发展角度出发，智慧城市是城市经济、社会、文化、自然和谐发展的新模式。该观点认为城市市民知识化、技术智能化和环境智慧化是城市发展的基本途径和内容。智慧城市是集城市经营管理、产业发展、公共服务和行政效率相结合的综合性城市发展战略，是现代城市发展的一种高端形态。

从系统管理角度出发，智慧城市是一个由新技术支持的新的城市生态系统，覆盖政府、企业和市民。智慧城市是一个面向城市地理、资源、生态、环境、人口、经济、社会等复杂系统的数字网格管理系统，它提供了与城市基础设施和生活发展相关各方面的全面化数字化和信息处理，并具有服务和决策的功能。

尽管不同专家学者、管理者对智慧城市的定义存在侧重角度的差异，但重复出现的关键词（即人、数据和信息、数字技术及物理系统）共同组成了智慧城市的基本系统概念。智慧城市是指以物联网、新一代互联网技术、云计算、大数据等信息技术为技术支撑，充分运用信息和通信技术手段感知、分析、整合城市运行的商业系统、社会系统等各项关键信息，对城市的民生、环保、公共安全、城市服务、工商业活动等在内的各种需求做出智能的响应，让城市以一种更加智慧和系统的方式运行，为人类创造更美好的城市生活。

智慧城市运用物联网、云计算等各种现代信息技术，围绕城市社会生活各领域开发了许多智能应用系统，如智慧交通、智慧零售、智慧安防、智慧医疗、智慧电力等，用以解决城市交通堵塞、公共安全等问题，提升城市运行效率。未来，随着城市人工智能在各行各业的广泛应用，无人驾驶、人工智能医疗等技术不断成熟，智慧城市的"大脑"将会具备积极思考的能力，变得越来越智能。高效、节能、环保的智慧城市将完全融入我们的生活。

二、智慧城市导览运用

（一）智慧城市综合系统

智慧城市综合系统主要分为感知层、通信层、数据层和应用层。

1. 感知层

感知层是智慧城市技术系统的首要环节。主要利用射频识别（RFID）电子标签、传感器、摄像头、二维码、遥感等传感设备和技术，实现对城市人员、物体的综合感知，为智慧城市的高效运行提供基本信息。主要的感知模式是身份感知、位置感知、多媒体感知和状态感知。通过这些感知方法实现了信息收敛到信息协同感知和融合发展。

2. 通信层

通信层是支持通信和数据的载体网络，主要分为接入层和传输层。它主要通过各种通信网络工具将网络连接到感知层上，将感知层收集和存储的信息和数据连接起来，同时提供安全、准确、及时的数据传输，实现交互和共享。

3. 数据层

数据层主要将感知层中的原始数据，如温度、湿度、定位等各类信息，根据智慧城市模型，集成到数据库中相应的领域，同时根据时间、空间维度建立城市信息仓库，利用数据仓库、大数据分析和云计算信息技术，实现数据存储、处理和分析。

4. 应用层

应用层直接面向智慧城市的终端用户，提供智能政务、智慧交通、智慧金融等各种应用和服务。

（二）智慧公共服务

城市公共服务基础设施建设和完善是发展智慧城市的重要环节。通过信息网络的全覆盖，提升政府在政务服务、民生保障、市场监管、智慧交通、社会治理等方面的服务能力和水平，及时发布城市各类信息，满足民众的各类需求。例如，浙江省政府通过互联网与政务服务的深度融合，基本实现了各级各部门政务服务事项线上办理，做到了“纵向全贯通、横向全覆盖、业务全流程、部门全协同、效能全监督”；浙江文旅类综合服务平台——“文化旅游服务专区”在“浙里办”App上线运行，该专区通过整合文旅、气象、交通、公安等部门的公共服务信息平台，实现了数据共享，进一步促进浙江文化旅游融合，提升文旅数字化服务能力，为浙江居民和游客提供更准确、及时的文化旅游和体育休闲服务。智慧公共服务主要包括以下内容：

1. 智慧医疗

智慧医疗是通过打造健康档案区域医疗信息平台，利用最先进的物联网技术、人工智能、传感技术等，实现患者与医务人员、医疗机构、医疗设备之间的互动，逐步达到医疗服务智能化。杭州智慧医疗实现了居民电子健康档案实施源头采集、互通共享，患者仅需通过一张市民卡就可实现自主挂号、分时段预约诊疗、诊间结算服务、诊间预约检查等，还延伸到了医院停车、院内就餐等所有收费环节，实现“全院通”智慧结算，免除了反复排队缴费的环节。

2. 智慧零售

智慧零售是运用互联网、物联网等技术，感知消费者消费习惯，预测消费趋势，从而引导生产制造，在线上线下为消费者提供多样化、个性化的产品和服务。无人超市、小程序下单、虚拟现实（VR）试衣、智能供货等场景都属于智慧零售的应用范畴，涵盖零售前端、中端和后端，人们既能在实体店里尽情挑选，也能足不出户在网上尽情消费。使民众能够切实体验到信息化时代下智慧公共服务的便捷性、高效性和智慧性。

延伸阅读 智慧门店

智慧门店的创意源于2016年阿里巴巴提出的新零售战略，通过阿里巴巴在互联网上沉淀的产品和数据能力，为线下门店进行智慧赋能，让线下门店从以往的柜台销售场所升级成为消费者和商家整体互动的场所。智慧门店营造了新的购物体验场景，让消费者的线下购物消费行为变得更为智能化、更有趣味性，并增进了消费者和商家的互相了解。

2017年，阿里巴巴推出了智慧门店，“6·18”期间，天猫在杭州嘉里中心和城西银泰城开设了“新零售体验馆”，集中了天眼AR、虚拟试妆镜、虚拟试衣间、跨屏互动等黑科技，如“试衣魔镜”智能导购设备。“试衣魔镜”隐藏在墙内，当消费者拿起店内任意一件衣服只需往镜前一站，服装就会被自动识别，消费者可以看到与该产品相关的库存信息、模特的上身效果以及该门店的天猫旗舰店上相关评价；走进试衣间，内部的试衣侦测系统会为消费者显示与正在试装产品相似的风格服装，如果尺码不合适，还可以通过电机屏幕呼叫店铺导购更换合适的尺码；选购完心仪的产品，消费者可以直接扫描二维码后进入天猫商城下单购买。

同时，商家通过收集记录线下消费行为数据给用户画像，从中寻找到消费者行为习惯，并将这些数据用于指导商品企划。智慧门店的出现，加速了实体门店的数字化、智能化进程，使线下服务更符合新零售时代消费者的需求。

3. 智慧楼宇

智慧楼宇，又称智能建筑，通过将建筑、通信、计算机和控制等各方面的先进技术进行融合和整体优化，对楼宇的能源、运营、维护等进行集中监管，实现各系统的联动控制和协同处置。智慧楼宇具有工程投资合理、设备高度自动化、信息管理科学、使用方便灵活、环境安全舒适等特点，是能够适应信息化社会发展需求的现代化新型建筑。作为现代城市的重要组成部分，智慧楼宇凭借智能化、信息化、可视化、人性化、高度一体化的特点，为人们提供安全、高效、便捷、节能、环保、健康的生活环境，并不断成为智慧城市发展的强大驱动力。

4. 智慧交通

智慧交通是指运用物联网、云计算、互联网、人工智能等技术，通过监控、感知、互联、分析等技术汇集交通信息，对交通管理、交通运输、公众出行、出租车和公交车等各方面进行监控管理，充分保障城市交通安全，提升城市交通运输管理水平和运行效率。为出行者提供全方位的交通信息服务和便利、高效、经济、准确、智能的交通运输服务；为交通管理部门提供及时、准确、全面、充分的信息数据支持。

（1）智能公交车。通过 RFID、传感等技术实时查询公交车的位置，实现弯道及路线提醒等功能；通过智能调度系统结合公交的运行特点，实现对公交线路、车辆的规划调度，实现智能排班。

（2）共享单车。共享单车通过卫星定位、基站定位、Wi-Fi 定位等方式实现车辆精准定位，并通过 GPRS 通信模块进行实时定位并记录骑行轨迹，为城市居民解决最后一公里的出行障碍。

（3）车联网。车联网利用先进的传感器、RFID 以及摄像头等设备，采集车辆周围的环境以及车辆自身信息，将数据传输至车载系统，实时监控车辆运行状态，包括油耗、车速等。

（4）充电桩。运用传感器采集充电桩电量、状态监测以及充电桩位置等信息，将采集到的数据实时传输到数据平台，实现统一管理等功能。

（5）智能红绿灯。通过路口的雷达装置，实时监测路口的行车数量、车距以及车速，同时监测行人的数量以及外界天气状况，实现动态调控交通灯的信号，提高路口车辆通行率，减少交通信号灯的空放时间，最终提高道路的通行力。

（6）汽车电子标识。汽车电子标识又称电子车牌，通过 RFID 技术自动完成车辆的识别与监控，将采集到的信息与交管系统连接，实现车辆的监管以及解决交通肇事、逃逸等问题。

（7）智慧停车。通过在停车场安装地磁感应、摄像头等装置，实现车牌识别、车位查找以及离场自动支付等功能。

（8）高速无感收费。通过摄像头识别车牌信息，将车牌绑定至微信或者支付宝，根据行驶的里程，自动通过微信或者支付宝收取费用，实现无感收费，提高通行效率、缩短车辆等候时间等。

延伸阅读 杭州城市大脑

智慧城市是城市发展的必然趋势，是城市管理和发展的新理念和新模式，是完善城市治理体系、提高城市治理能力、努力解决城市发展问题的重要选择。杭州深耕互联网先发优势，成为建设智慧城市的典范和标杆，并持续为城市数字治理输出新理念和新技术。

2016 年，阿里云在云栖大会发布了城市大脑。它定义了一种新的城市基础设施——公共的计算存储服务和人工智能服务。阿里巴巴为杭州智慧城市的建设提供了城市解决方案，政府制定了相应的配套政策，并负责制定总体规划和顶层设计。杭州城市大脑是一个为城市生活而设计的数字化界面，市民通过它触摸城市脉搏、感受城市温度、享受城市服务；城市管理者通过它配置公共资源、做出科学决策、提高治理效能。

杭州城市大脑建设提出了“531”的逻辑体系架构。“5”即“五个一”：打通“一张网”，一张确保数据无障碍流动的网，通过统一标准，支撑“城市大脑”的数据资源需求；做大“一朵云”，一朵将各类云资源链接在一起的“逻辑云”；汇聚“一个库”，形成城市级数据仓库，同时做好数据治理，确保数据鲜活、在线；建设“一个中枢”，作为数据、各系统互通互联的核心层，实施系统接入、数据融合、反馈执行；建强“一个大脑”，在全市实施统一架构、一体化实施，彻底打破各自为政的传统建设模式，实现市、区两级协同联动，防止重复建设。“3”即“三个通”：第一个“通”是市、区、部门间互联互通；第二个“通”是中枢、系统、平台、场景互联互通；第三个“通”是政府与市场的互联互通。“1”即“一个新的城市基础设施”。“城市大脑”通过全面打通各类数据，接入各业务系统，实施融合计算，将为城市建设一个会思考、能迭代进化的数字化基础设施。未来，城市大脑将会随时为杭州市民、来杭游客提供服务，如同道路、水电一样，成为必不可少的基础设施。

杭州城市大脑包括警务、交通、文旅、健康等 11 大系统和 48 个应用场景，日均数据可达 8 000 万条以上。以下列举部分利民应用场景：

1. 舒心就医

充分利用城市信用体系，在就医过程中，结合自助机、手机等各种付费手段，减掉挂号付费、诊间处方开单付费、入院预缴金付费流程，实现让参保居民诊后“最多付一次”，打造全新就医模式，提高医院服务效率，让群众就医更舒心。

2. 多游一小时

包括“10 秒找空房”“20 秒景点入园”“30 秒酒店入住”和“数字旅游专线”四大便民服务。让游客带着一部手机就把自己想要的食、住、行、游、购、娱全部信息一网打尽，实现服务在线、车辆在线和乘客在线，打造“快行慢旅”的体验，为游客节省时间，实现“多游一小时”的目标。

3. 便捷泊车

通过城市大脑的算力支撑，与公安、交通、城管、环保等部门系统的数据对接，动态监测交通运行、空气质量、停车泊位、酒店入住等综合态势。“便捷泊车 • 先离场后付费”是停车系统首个便民服务，“先离场后付费”的车主无须进行任何操作，即可快速离开停车场，为车主节省离场时间。同时，车主一次绑定，全城通停，停车系统为市民提供了“全市一个停车场”的便民体验。

4. 一键护航

针对一定等级的突发事件，通过AI识别、自动信号灯控制等，为120等特种车辆规划最优的行进线路，开辟救援的交通“绿色通道”，为伤者赢得更多宝贵的救治时间。在车辆行进过程中，系统通过视频和轨迹的实时信息，以AI自动控制信号灯实现秒级响应，提前锁定并清空前方排队车辆，在不闯红灯、基本不影响其他车辆的情况下，使特种车辆安全、快速、顺利地通过每一个路口。

5. 非浙A急事通

外埠人员如有来杭就医、学习、开会、办事等需求，可通过提前申请，在早晚高峰时段进入错峰限行区域，一年内有12次申请机会。

杭州城市大脑从治理交通拥堵的局部探索，到全面治城的重大跨越，再到深化疫情防控工作，智慧城市建设实现了跨越式发展，形成了杭州治理现代化的一整套成熟数字系统解决方案。2020年3月31日，习近平总书记在杭州城市大脑运营指挥中心考察时高度评价了杭州智慧城市建设成果，指出“运用大数据、云计算、区块链、人工智能等前沿技术推动城市管理手段、管理模式、管理理念创新，从数字化到智能化再到智慧化，让城市更聪明一些、更智慧一些，是推动城市治理体系和治理能力现代化的必由之路，前景广阔”。

延伸阅读　北京市智能网联汽车政策先行区

2021年，北京亦庄经济开发区设立了首个智能网联汽车政策先行区，实施范围包括亦庄新城225平方公里规划范围，大兴国际机场以及京台高速、京津高速等6条环绕亦庄的高速和城市快速路段。在该区域内实现了自动驾驶出租车、无人配送、无人零售和微循环接驳等八大类城市应用场景，打造区域级“车路云一体化生态系统”，统筹智慧城市基础设施与智能网联汽车协同发展。

亦庄示范区首次正式将无人配送车纳入智能网联汽车管理范畴，给予相应路权，建立无人配送车运行安全监管体系，解决无人配送车路权和上路管理问题。亦庄示范区开放商业化试点后，累计服务人次超8万；无人配送车已实现生鲜配送和快递配送，正逐步拓展应用范围。

2022年7月，北京市高级别自动驾驶示范区工作办公室宣布正式开放国内首个无人化出行服务商业化试点，百度和小马智行成为首批获许企业，将在亦庄经济开发区核心区60平方公里范围内投入30辆主驾无人车辆，开展常态化收费服务。这标志着国内无人化出行服务从示范运营迈入商业化试点新阶段。

5. 智慧旅游

智慧旅游是基于云计算、物联网等新一代信息技术，在移动终端互联网设备的帮助下，主动感知旅游资源、旅游经济、旅游活动、旅游者等方面的信息，通过面向大众及时发布动态信息，实现对各类旅游信息的智能感知和高效利用。智慧旅游通过满足旅游者的个性化需求，为其提供高品质、高满意度的服务，从而实现旅游资源及社会资源的共享与有效利用的系统化、集约化的管理变革。从内涵上看，智慧旅游的本质是指智能技术，包括信息和通信技术在旅游业的应用，以提高旅游服务水平、改善旅游体验、创新旅游管理、优化旅游资源利用为目标，是提高旅游企业竞争力、提高旅游业管理水平、扩大旅游产业的现代化工程。智慧旅游是智慧城市的重要组成部分，智慧旅游的建设和发展，最终将体现在旅游管理、旅游服务和旅游营销三个层次上。

（1）旅游管理智慧化。智慧旅游将实现传统旅游管理模式向现代管理模式的转变。通过信息技术可以及时、准确地掌握游客的旅游活动信息和旅游企业的运营信息，实现旅游业监管从传统的被动处理和事后管理向流程管理和实时管理转变。智慧旅游通过与公安、交通、工商、卫生、质检等多部门形成信息共享与协同合作，根据旅游信息数据形成旅游预测和预警机制，提高应急管理能力，确保旅游安全。实现有效处理旅游投诉和旅游质量问题，维护旅游市场秩序。智能旅游依靠信息技术，积极获取旅游信息，形成旅游数据积累和分析系统，全面了解游客需求、意见和现状的变化及旅游企业的相关信息，实现科学管理和科学决策。智慧旅游还鼓励和支持旅游企业广泛使用信息技术，改善业务流程，提高管理水平，提高产品和服务的竞争力，加强游客、旅游资源、旅游企业和旅游主管部门之间的互动，有效整合旅游资源，促进旅游业的整体发展。

（2）旅游服务智慧化。智慧旅游从游客出发，以信息技术为支撑来提高旅游体验和旅游质量，通过科学的信息组织和展示形式，使游客能够方便、快速地获取旅游信息，帮助游客更好地安排旅游计划，形成旅游决策进行旅游产品预订和支付等。基于物联网、无线技术、定位等技术，实现信息传递和实时交换，使游客的旅游流程更加顺畅，提高旅游的舒适度和满意度，为游客带来更好的旅游安全和旅游质量保障。智慧旅游还将促进传统旅游消费模式向现代旅游消费模式的转变，引导游客产生新的旅游习惯，让游客在游前、游中和游后全过程中感受到智慧旅游带来的全新服务体验。

（3）旅游营销智慧化。智能旅游通过旅游舆情监测和数据分析，挖掘旅游热点和旅游兴趣点，引导旅游企业定制相应的旅游产品，制定相应的营销主题，从而促进旅游业的产品创新和营销创新。通过对营销渠道的量化分析和判断，智能旅游具有明显的筛选效果，能够与长期营销渠道合作。智慧旅游还充分利用新媒体传播的特点，吸引游客积极参与旅游的传播和营销，通过旅游数据和旅游产品消费数据的积累，逐步形成自媒体营销平台。

延伸阅读　浙里办——文化旅游服务专区

2019年，浙江最权威的文旅类综合服务平台——“文化旅游服务专区”正式在“浙里办”App上线运行（见图8-1）。在浙江省大数据管理局的支持下，专区首次整合了文旅、气象、交通、公安等部门的公共服务信息平台，实现与文旅公共服务平台的数据共享，进一步促进浙江文化旅游融合，提升文旅数字化服务能力，为居民和在浙旅游的游客提供更准确、及时的文化旅游和运动休闲服务。平台中的板块包括浙里好玩、浙里文娱、浙里畅行、浙里咨询等。

图 8-1 浙里办－文化旅游服务专区界面

1. 浙里好玩

浙里好玩是基于游客的公共服务应用系统，为游客提供了省内旅游景点、旅游路线推荐及景点流量等全方位服务，涵盖了省内 11 个地市数千个旅游景点介绍、交通信息、旅游路线推荐及景区游玩舒适指数，还有周边露营、自驾骑行、徒步登山、乡村民俗、文心匠旅等特色主题推荐，实现了“客流信息先知晓，分时预约随心订，数字体验浙里行，旅游线路享定制”美景、美食、美宿、美购一应俱全的一站式服务。

2. 浙里文娱

浙里文娱依托智慧文化云，为民众打造了包含阅读、演出、展览等一站式的文化服务集市。将浙江省内各市、区、县（市）图书馆、文化馆、非物质文化遗产保护中心、乡镇综合文化站、农家书屋等单位的活动、动态、资源等进行发布，并为民众提供了看书、观展、演出、艺培等各项公共文化服务。

3. 浙里畅行

浙里畅行覆盖了从公共出行、自驾服务、特色服务三大服务场景，整合了 15 项出行服务，如高速公路、智慧停车、农村客运、交旅融合、城市公交等。其中高速信息查询涵盖了全省 11 个地市 40 条高速道路信息、271 个高速入口的管制信息，方便自驾出行时及时获取道路信息。

4. 浙里咨询

浙里咨询为用户提供了 96118 旅游服务热线和旅游在线投诉服务，为用户在旅游过程中的咨询和投诉提供有效的解决方案。

……思考与练习……

1. 思考和分析智慧城市的发展建设。

2. 阐述智慧城市导览系统的内容及其应用。

任务九 认知智慧乡村导览

任务内容

1. 了解智慧乡村的起源、发展及概念；
2. 熟悉智慧乡村导览的运用。

自2009年各地相继开展智慧城市的试点工作以来，智慧乡村建设也开始在全国逐步推进。智慧乡村旅游结合了乡村旅游和智慧旅游的概念，形成了一种全新的乡村旅游发展模式。智慧乡村旅游以物联网、互联网、大数据等技术为依托，实现乡村旅游的餐饮、住宿、游玩等其他旅游项目的在线预订、支付等，实现了乡村旅游要素数字化、信息服务精准化、运营管理智慧化，促进传统旅游向智慧旅游模式转变。

一、智慧乡村概述

（一）乡村旅游的起源与发展

1. 国外乡村旅游起源与发展

乡村旅游始于19世纪50年代的欧洲，工业化与城市化进程的加快让城市居民产生逃离情绪，对宁静的田园生活和美好的乡间环境的向往，让乡村旅游应运而生。

2. 国外乡村旅游的发展阶段

国外乡村旅游的发展分为以下三个阶段：

（1）起步阶段。早期的欧洲乡村旅游形式主要是农场旅游。彼时农业仍然是农村居民的主要收入来源，旅游活动对主要的农业活动没有造成威胁，可以称之为“绿色旅游”。

（2）发展阶段。第二次世界大战后，随着城市化的加速、城市人口的增加、城市建筑的高密度化和城市生态环境的恶化，越来越多的城市居民向往去郊区度假。城市居民对乡村休闲旅游的需求增加，乡村旅游已经从简单的住宿接待转变为专业化的旅游服务，更多的乡村旅游经营者开始提供自然乡土类相关活动。欧洲的乡村旅游广泛开展了各种形式的活动。例如，西班牙的农村居民对农场、庄园进行规划建设，提供徒步旅行、骑马、滑翔、登山、漂流、参与农业活动等休闲项目，并举办各种形式的农业学校、自然课程、培训班等。在这个阶段，乡村旅游经营者普遍放弃了农业活动，成为真正的乡村旅游经营者。

（3）成熟阶段。随着人们休闲度假旅游需求的不断增长，观光农业园从简单的观光自然性质扩展为休闲、度假、体验、教育、环保等多功能属性，由此出现了休闲农场、度假农场、教育农场和市民农园。20 世纪 90 年代，一些国家推出了乡村文化旅游，包括民俗风情、民族文化、农业文化、节庆活动等多种形式的旅游产品，乡村旅游的文化内涵、水平进一步提高。在这一阶段，乡村旅游经营者明确提出了“职业化”的发展要求，乡村旅游开始向规模化和品质化的方向发展。

3. 国内乡村旅游的起源

回顾历史，中国人早有郊游踏青的习惯。《管子 • 小问》中所载的“桓公放春，三月观于野”描述了齐桓公到郊外享受春光、愉悦身心的场景。根据史料记载，当时人们多乘坐牛车、马车出游，且已出现客栈、驿站等住宿设施，这种郊游活动具有现代乡村旅游的特点，被认为是乡村旅游的雏形。

就我国乡村旅游起源而言，目前学术界主要有两种观点：一种观点认为我国乡村旅游起始于 20 世纪 70 年代初，当时政府需要进行外事接待，在北京近郊的四季青人民公社、山西昔阳县大寨大队、天津静海县小靳庄、上海崇明岛等地开展了一些具有政治接待性质的乡村旅游活动；另一种观点认为在 20 世纪 80 年代末，深圳为了吸引外资，举办了“荔枝节”活动，随后又建设了一个采摘园，取得了较好的效益，于是各地纷纷效仿，建立了各具特色的观光农业项目。对于以上两种关于我国乡村旅游起源的观点，专家学者们更倾向于后者，认为我国乡村旅游开始于 20 世纪 80 年代末。

4. 国内乡村旅游的发展阶段

我国乡村旅游发展大致可以分为以下三个阶段：

（1）农家乐产品起步阶段。20 世纪 80 年代，在成都郫县友爱镇农科村，当地村民徐纪元开创性地创办了中国第一家农家乐。1992 年 3 月，四川省委副书记冯元慰在郫县农科村视察工作时，看到游客在徐家大院惬意地游玩，即兴提笔书写了“农家乐”三个大字，乡村旅游因此得名“农家乐”。这个阶段的乡村旅游以乡村传统农业为依托，吸引了不少城市游客，“看农家景，尝农家饭，干农家活，住农家院，享农家乐”这一旅游形式成为当时的旅游热潮。在农科村的示范带动下，全国各大媒体从多角度介绍了郫县农家乐旅游的发展情况，郫县农家乐旅游模式迅速在全国各省（区、市）展开，各地纷纷派人到农科村进行参观学习。这种利用农业资源开展旅游活动的新形式逐渐推广到全国，为中国的乡村旅游开了先河。1995 年 5 月，我国开始实施每周五天工作制，人们对旅游的需求获得了前所未有的释放机会，激发了城镇居民的周末旅游浪潮。1998 年，国家旅游局推出了“华夏城乡游”，宣传口号为“现代城乡，多彩生活”，旨在促进乡村旅游的发展，推动以农家乐为代表的乡村旅游发展。

（2）观光型产品发展阶段。2002 年我国颁布了《全国工农业旅游示范点检查标准（试行）》，使我国乡村旅游走向标准化、高质化。2006 年国家旅游局将当年旅游主题定为“中国乡村游”，宣传口号为“新农村、新旅游、新体验、新风尚”，乡村旅游的地位得到大幅提升。2006 年 8 月，国家旅游局发布了《关于促进农村旅游的指导意见》，提出了乡村旅游发展“以工促农，以城带乡”的重要途径，指出“各地农村旅游发展生动活泼、形式多样、特色鲜明，有力地促进了社会主义新农村建设”，但我国农村旅游发展总体上还处于起步阶段，存在认识不足、引导不够、配套建设滞后等问题。2007 年，国家旅游局联合农业部印发《关于大力推进全国乡村旅游发展的通知》，明确要充分利用“三农”资源发展旅游业，全面拓展农业功能和领域。

随着国家相关政策的出台和实施，全国各地的农家乐数量迅速增加，并引领带动全国乡村旅游的发展和延伸，渔家乐、牧家乐、藏家乐、羌家乐等在各地兴起。休闲农场、观光农业园、果蔬采摘园、古村古寨、古建筑旅游等旅游产品开始出现，采摘、垂钓、农事活动体验等旅游娱乐活动进一步丰富了乡村旅游产品体系，大大提高了乡村旅游的整体发展水平，乡村旅游出现了精品化、特色化的发展趋势。

（3）休闲体验产品深化阶段。2017 年《中共中央、国务院关于深入推进农业供给侧结构性改革加快培育农业农村发展新动能的若干意见》（即 2017 年中央一号文件）明确提出，聚焦农业供给侧结构性改革，大力发展乡村休闲旅游产业。这是中央一号文件首次从产业角度提出大力发展乡村休闲旅游产业，乡村旅游由此进入产业化时代。2017 年政府工作报告强调“大力发展乡村、休闲、全域旅游”。乡村旅游发展获得宏观政策的大力支持，迎来全新发展局面。随后，国家发改委、文化和旅游部等多部门先后联合印发《促进乡村旅游发展提质升级行动方案（2017 年）》《促进乡村旅游发展提质升级行动方案（2018—2020 年）》《乡村旅游扶贫工程行动方案》《关于实施旅游休闲重大工程的通知》《关于促进交通运输与旅游融合发展的若干意见》等政策文件。党的十八大以来，习近平总书记高度重视乡村旅游工作，2021 年 4 月，习近平总书记在广西考察时强调“全面推进乡村振兴，要立足特色资源，坚持科技兴农，因地制宜发展乡村旅游、休闲农业等新产业新业态”。

随着人们生活水平的不断提高，广大旅游者的需求开始从简单的观光游览向深层次的度假休闲转变，传统粗放的乡村旅游产品已经无法满足旅游者需求。各地文旅部门积极推动乡村旅游发展模式创新、产品升级和服务优化，乡村旅游开始进行业态内容和服务方式的升级，一些更具个性化的精品民宿、乡村度假酒店、康养基地、休闲露营地等产品开始出现，成为新时代乡村旅游发展的亮点。

（二）智慧乡村相关概念

1. 乡村旅游

乡村旅游是以乡野农村的风光和活动为吸引物，以都市居民为目标市场，以满足旅游者娱乐求知和回归自然等方面需求为目的的一种旅游方式。以具有乡野性的自然和人文资源为旅游吸引物，依托农村地区的优美景观、自然环境、建筑和文化等资源，在传统乡村休闲游和农业体验游的基础上，拓展开发会务度假、休闲娱乐等项目的新兴旅游方式。乡村旅游的概念包含两个层面：一是发生在乡村地区，二是以乡村性作为旅游吸引物，二者缺一不可。

2. 智慧乡村

智慧乡村是基于物联网、互联网技术，针对乡村发展现状，以提高农民生活水平和实现农村生活现代化、科技化、智能化为目标，打造的集休闲旅游、文化体验、生产养殖等多功能商业环境于一体的一种旅游形式。智慧乡村在空间形态上实现了“人、物、网络”三者的连接；在互动体验上实现了从单向到双向乃至多向的流动；在行业融合上实现了跨界融通，打造出田园农业综合体发展模式。

2014 年初，北京市在西柏店村启动了“美丽智慧乡村”试点项目。2015 年，国家信息中心与湖北智城规划设计院联合建设了全国第一个“智慧乡村”样本。2015 年，在智慧乡村建设试点的基础上，北京平谷区积极推进智慧乡村建设，开发了智慧乡村的综合服务平台，通过“互联网＋服务”在村镇的应用，建成了具有鲜明互联网特色的乡村模式。智慧乡村主要包含“互联网＋整村推进”“互联网＋乡村产业”“互联网＋乡村治理”“互联网＋乡村生活”“互联网＋休闲农业”与乡村旅游等服务模式。

3. 智慧乡村旅游

智慧乡村旅游结合了乡村旅游和智慧旅游的概念，形成了一种全新的乡村旅游发展模式。在资源开发中，智慧乡村旅游依托互联网、移动互联网和 5G 通信技术，将绿水青山、田园风光、乡土特色、古建文化等乡村资源与互联网连接，进行智慧化开发，培育特色民宿、休闲农业、研学基地、健康疗养等新业态内容，给乡村资源插上科技的“翅膀”。

推进乡村智慧旅游的关键在于充分了解乡村的基本情况，因地制宜地构建当地智慧化管理体系。通过大数据、云计算等新技术的使用，建设乡村本土文旅数字资源数据库，实现乡村旅游资源的全方位数字化展示，并及时发布与乡村旅游相关的各种资源内容，为旅游者提供具有参考价值的活动信息内容，借助“互联网＋旅游”方式，促进导游、导览、导购、导娱等旅游服务智慧化，为旅游者提供全时空、全方位的旅游体验，从而实现乡村旅游产业的提升。

目前的智慧乡村旅游建设在智慧化运营管理、目的地营销以及旅游服务等多方面都实现了对乡村旅游项目的智能化信息内容扩充，确保旅游主管部门、旅游企业、乡村旅游经营者和旅游者都能全面融入乡村旅游的全新发展模式中，共同推动乡村旅游智慧化的发展。智慧乡村旅游不仅包括智慧旅游的共性部分，还包括乡村旅游的特殊性和旅游目的地的差异性，这意味着智慧乡村旅游的发展与城市景区发展存在一定差异。

4. 智慧乡村导览

智慧乡村导览以互联网、云计算、大数据等技术为基础，帮助乡村实现在线全景地图展示、地图导航、乡村景点图文介绍、路线推荐、语音导览等一站式智慧化服务。智慧乡村导览以图文视频、720° 全景导览的方式向旅游者介绍乡村特色景点，并根据精品线路进行专业路线规划和推荐，结合乡村特色景点、酒店民宿、餐饮等公共服务设施，向旅游者多角度展现乡村的风土人情、历史文化，实现乡村旅游的一键导航功能，让旅游者在乡村可以轻松获取各种咨询服务，提升旅游者的综合旅游体验。

二、智慧乡村导览建设

智慧乡村导览建设方案包括：

（一）打造智慧乡村旅游宣传网站

智慧乡村旅游宣传网站应展现乡村景观、餐饮、农产品、休闲娱乐等相关信息，包括本村旅游项目的图文介绍、360° 全景旅游图片和旅游介绍视频等，通过整合各种信息内容，为旅游者提供美食、住宿、旅游、购物、娱乐等一体化的旅游综合服务信息平台。

该宣传网站应支持在手机等移动智能终端显示，便于旅游者随时随地浏览。还应建立游记攻略板块，打造问答、咨询、相册等功能，通过丰富的内容、精美的图片和视频、在线留言问答等方式，向旅游者全方位介绍乡村，帮助他们了解旅游目的地。将乡村旅游网站的服务类型细化，结合旅游者需求向其推荐更合适的路线，为其提供定制服务。通过建立智慧旅游服务链接，将乡村旅游信息内容整合并形成共享机制，有效避免资源浪费和重复建设的问题。旅游企业可以通过相关旅游数据分析旅游者的消费习惯和行为偏好，制定精准的营销策划，实现智慧营销。

（二）建立智慧乡村旅游管理平台

在智慧乡村旅游的基础设施建设方面，应着力建立智慧乡村旅游管理平台。（1）建设数据中心，完善乡村旅游基础信息资源数据库，完善电子门票、电子出入口、数字虚拟景区和虚拟旅游系统，建立乡村智慧旅游数据库等。（2）完善视频采集设备等实时数据采集终端的建设，以实现客流监控和统计。借鉴国家 A 级景区的标准，完善乡村旅游目的地应急响应和预警系统，如完善乡村紧急广播系统等。（3）建立乡村旅游智慧调度中心和 LED 可视化信息发布系统，实现对乡村旅游点的有效管理和监控，通过视频监控系统对人员和车辆进行识别和统计，实现对旅游景点、旅游者的安全监控和人流、车流量的统计，将人流和车流信息、气象信息等通过 LED 可视化大屏滚动播放进行安全提示。

（三）完善智慧乡村公共服务设施

乡村各类公共服务设施要满足旅游者的基本需求，基础设施的升级完善是提升旅游者满意度和体验的重要保障。乡村公共服务设施主要包括旅游交通、接待服务、环卫、信息服务等设施。乡村旅游交通设施包括乡村内外交通道路、停车场、特色游步道等。交通配套设施的方便、快捷关系到乡村旅游各景点之间的可达性便利程度，决定乡村旅游所能吸引的游客规模。乡村接待服务设施包括住宿、餐饮、娱乐、购物等设施，这些设施是旅游者使用最多、最能影响旅游者旅游体验的设施。乡村旅游环卫设施包括村落内部的污水垃圾处理、公共厕所、供水、供电、通信网络、救护系统等设施。这些设施是乡村旅游便利性的保障，任一环节的缺失都会导致旅游者的满意度下降。乡村信息服务设施包括导览标识系统、通信设施等。信息服务设施的完善与否涉及旅游者在旅游过程中了解乡村旅游信息的自主性和便捷性，通过实现 5G 网络全覆盖，满足旅游者的上网需求，不断完善乡村各类公共服务设施建设，助力乡村文旅数字化转型。

（四）完善智慧乡村导览系统

建设内容丰富的导览系统，实现乡村景区资源内容数字化，借助触摸查询一体机、App、手机等多种智能终端设备向旅游者提供服务，实现智慧乡村导览。

线下，在乡村的游客服务中心、重点旅游资源等位置安装智慧导览触摸屏，提供自助导览信息、旅游资讯、地图交通信息、天气预报等信息查询功能，方便旅游者在线下实地获取导览服务。

线上，通过开发乡村旅游专属应用 App 或小程序扩大服务覆盖面。旅游者扫码下载登录后即可搜索当地各项旅游服务资源内容，如乡村介绍、乡村电子地图、主要景点列表、景点图文视频介绍、讲解音频、线路推荐、景区服务设施等，满足旅游者“一部手机游乡村”的需求。App 或小程序还可提供在线预约、快捷支付、实时定位、3D 虚拟向导和全景导览等服务。

（五）“VR+ 乡村旅游”智慧模式

如今旅游的发展趋势从单一的观光式旅游向体验式、互动式旅游转变，乡村旅游通过设计一系列虚拟旅游产品与旅游者进行多种互动体验，将旅游产品与当地特色、当地文化相结合，如借助 VR 全景拍摄，用航拍模式将美丽富饶的乡村全景展现出来，让旅游者以 720° 高清视角，自在畅游于美丽的乡村中，感受乡村文化的魅力，通过沉浸式全景漫游并辅之以文字、解说等方式给人们带来了新奇的旅游体验。

VR 全景还可以通过记录乡村农作物生产全过程，做到农产品的生长过程可视化，能将乡村中的休闲农庄、观光果园等农副产品的种植环境、生产过程、采摘过程等环节真实、全面地展现在人们面前，做到每个环节的透明化，吸引城镇居民消费，让人们买得安心、吃得放心，增强人们对乡村农产品的信任感。

（六）开展旅游商品智慧营销

拓展线上渠道，引导乡村商家主体开展旅游商品智慧营销，开办电子商务平台、进行网络直播带货等，探索多种营销模式。借助微信小程序建立线上商店，方便旅游者在任何时间和地点下单，还可以自主选择随时到店取货或快递邮寄到家。同时做好旅游产品的查询、溯源等环节，保证商品质量。例如，江山市打造了“旅游商品放心购”应用（见图 9-1），形成放心店和放心商品两种“三色码”，旅游者可以通过扫描商家或商品的三色码直观看到商店或旅游特色商品的优劣情况，可一码知承诺、知溯源、知质量、知价格，还可以参考其他旅游者的点评。同时通过三色码前端获取的数据，在后台实现商家管理、特色旅游商品管理、日常数据监测、数据分析、投诉事件处置等功能，亦可实现一码包投诉、包处置、包退货。“三色码”分为“绿、黄、红”三个等级：“绿码”表示可放心购买；“黄码”表示谨慎购买；“红码”则表示不建议购买。通过“放心购”数字化场景的应用，解决了旅游者“不敢买、不愿买、不放心买”的问题，也让线下的商家实现了数字化升级。

图 9–1　江山市“旅游商品放心购”界面

学思践行

浙江省湖州市安吉余村

2021 年，安吉余村入选首届世界旅游组织“世界最佳旅游乡村”；2022 年，余村入选浙江省首批未来乡村。安吉余村从 20 世纪靠山吃山再到 21 世纪养山富山，实现了从“卖石头”到“卖风景”，再到“卖文化”的华丽转变。

余村多山少地，人均耕地只有半亩多，在 20 世纪七八十年代，为了解决温饱问题，开始靠山吃山，开办水泥厂、石灰窑，一跃成为全县有名的富裕村。但与此同时，开山采矿也带来了负面影响：村里整天尘土飞扬，衣服晒出来很快变成了泥衣服，连山上毛竹也被粉尘覆盖，逐年减产；炸山引发伤亡事故。

2005 年 8 月 15 日，时任浙江省委书记的习近平在余村考察时首次提出“绿水青山就是金山银山”的理念。在这一理念指导下，余村坚持党建引领绿色发展，坚定不移走绿色生态、和谐发展之路。以全域生活圈、乡村共同体为核心目标，打造绿色低碳智慧的“有机生命体”、宜居宜业宜游的“生命共同体”、资源高效配置的“社会综合体”，形成了以农旅、文旅、研学、低碳、健康为主导的产业发展方向，建设区域强村富民公司、建立“两入股三收益”共富机制，落地未来邻里、文化、健康和治理等九大场景，推进未来乡村创建。

1. 以人为本：打造宜居宜游未来乡村

为了满足村民更好的生活需求，使旅游者获得更好的旅游体验，余村创建了“未来健康、未来邻里、未来文化”等重点景观。

余村以村内老人、儿童的需求为出发点，为儿童设置幸福学堂、余村书房、儿童成长中心，引入教师资源，提供托育照看、图书阅读、兴趣课堂等服务。“余村未来乡村”小程序接入“浙学通”应用，实现学生与学校线上课程和兴趣类课程的交互学习渠道，开展各式各样丰富有趣的网络课程，为学生提供更全面的学习资源；为老年人设置居家养老服务中心，提供居家照护、医疗诊断、智慧健康管理等服务，全村实现家庭医生签约服务全覆盖。村里还建设了室内运动中心1个、室外运动空间5处，建成10公里环村绿道，为村民打造15分钟健康运动生活圈。

开发“乐游余村”小程序（见图9-2），借助省“浙里好玩”旅游服务平台，下沉资源和数据到余村，通过对余村核心文旅资源在移动端的整合、归纳，开发余村旅游在线服务应用，提供全省文化与旅游资源咨询掌中宝，让居民“走出去”、使旅游者“进来玩”，打造共享健身房、共享书房，为村民与旅游者提供“主客共享”的一站式旅游体验。打造余村及“两山”示范区旅游IP，形成以“研学教育＋低碳旅游＋全龄友好”为特色的新乡村旅游场景。

图9-2 “乐游余村”小程序

2. 数字赋能：打造共创共建未来乡村

建设余村"乡村大脑"数字综合管理平台：该平台汇集了余村各类信息，如村情简介、乡村环节、乡村旅游等，并对其进行实时监控和动态管理。数字治理不仅增强了村民的幸福感，而且让外来旅游者享受余村的智慧、便捷。通过数字化治理，旅游者可以直接获取空气质量、民宿客房余量等诸多信息，道路监控探头、烟感报警器等组成的智慧旅游系统也可以增强旅游者的安全感。

产业融合：余村不断推动传统产业向农旅、文旅融合转变，基于现代农业示范园、5G 物联网＋余村溪泉鱼、林下经济、余村青创农场、樱桃湾农业园等农业产业，联合文创民宿、研学教育等文旅产业，实现"一二三产业"融合，推动"生态种植＋民创民宿＋研学观光＋农旅融合"的"三产融合"模式，实现经济发展和生态保护的共赢。

延伸旅游业态：引入"农户＋集体＋公司"的管理模式，建设文旅驿站，推进"年年有余"等文旅综合体项目建设，打造以政务接待和青少年爱国主义教育为抓手的研学基地。大力推动旅游康养产业，重点开发山林康养、美食康养、体育康养等新业态，深挖历史文化、饮食文化等，拓宽产业链条，促进二次消费，推出余村大米、中草药、农产品等品牌旅游商品及微缩景观等文创产品。

升级智慧旅游：启动《美丽余村国家田园综合体试点建设方案》，采用"1+1+4"的村庄抱团发展模式，构建智慧旅游顶层设计，建立未来智慧旅游的数字化应用场景，打造大数据、智慧停车、智慧导览、智慧讲解、智慧会议、云课程等系列智慧产品，集成环境检测平台、垃圾分类处理平台和旅游接待中心停车场系统，实现分散数据统一整合、统一管理，提高公共服务水平和智慧化管理能力。

麦扑小鹿导游语音导览——安吉余村　案例应用

游客朋友们，习近平总书记曾提出"绿水青山就是金山银山"，我们今天要去参观的是余村景区（见图 9-3）。余村的总面积约 4.86 平方公里，隶属安吉县天荒坪镇，因地处天目山北坡余岭而得名，三面环山，一条小溪从村中流过，是一个典型的小山村（见图 9-4）。景区内自然生态良好，人居环境优越，森林、植被覆盖率超 85%。得天独厚的自然环境孕育了余村悠久的历史文化，造就了神奇的自然景观。村内有始建于五代后梁时期的千年古刹隆庆禅院，有被誉为"江南银杏王"的千年古树，有"活化石"之称的百岁娃娃鱼，更有古代工矿遗址和溶洞景观。2005 年 8 月 15 日，时任浙江省委书记的习近平到浙江安吉天荒坪镇余村考察时，提出了"绿水青山就是金山银山"的理念。如今，余村被评为国家 4A 级景区、全国文明村、全国美丽宜居示范村。现在的余村，可谓山青水绿、天蓝气净，宛若桃源，每年都吸引着来自世界各地的游客。

图 9-3 麦扑导览安吉余村地图展示

图 9-4 安吉余村

1. 历史

各位游客朋友们，在参观游览之前，我先给大家介绍一下余村的历史。清光绪版《孝丰县志》中记载，余村历史上由孝丰县管辖，属于浮玉乡，曾经名叫“俞村庄”；民国后期又属于南屿乡，1949 年秋撤乡建区后隶属于青山区，称“余村”；1984 年 1 月起称余村行政村。余村是天目山北麓的一个典型山村。20 世纪 90 年代，余村作为安吉县最大的石灰岩开采区，凭借“靠山吃山”，每年有 300 多万元净利润。但随着开山开矿对生态环境的破坏日益加剧，植被被毁、空气污染、河水污浊等一系列生态问题都随之而来。21 世纪初，余村党支部决定关停矿山和水泥厂，还村民一片绿水青山。2005 年 8 月 15 日，时任浙江省委书记的习近平同志来到余村考察，他高度肯定了余村的做法，提出了“绿水青山就是金山银山”的重要理念。之后，余村人立志把绿水青山变成金山银山。他们利用余村毗邻长三角主要城市的优势，积极开发绿色经济，创办农家乐及旅游公司，吸引外地游客前来观光。如今，这个村域面积仅 4.86 平方公里的小山村，每年能够吸引几十万的游客到访，村民增收了，幸福感提高了。现在的余村，巍巍青山环绕四周，翠竹绵延，行走其间宛如置身一幅山水画卷中。

2. 荷塘雅趣

游客朋友们，我们现在来到的是余村景区的荷塘雅趣（见图 9-5）。自 2005 年起，余村人开始意识到，过去的发展方式并非长久之计，更不能牺牲家乡的环境致富。于是余村关闭了矿山和水泥厂，转向发展旅游业，在村子开挖池塘，播种了近80亩荷花，村庄变成了花园。有了荷花的点缀，余村的夏日多了一分诗意，多了一分雅致。“出淤泥而不染，濯清涟而不妖”，荷花被视为清白、高洁的象征，古往今来，文人墨客总是不惜笔墨加以赞美。每当时至仲夏，余村荷塘中大片荷花竞相绽放，远远望去，在蓝天碧水间，花红叶绿，呈现“映日荷花别样红”的盛景，犹如一幅山村田园的美丽画卷。在余村景区，一年四季都可以观赏到美丽风景，春赏金色油菜，夏望满塘粉荷，秋品向阳葵花，冬观皑皑白雪。

图 9–5 荷塘雅趣

3. 塔印风华

游客朋友们，现在我们来到的是塔印风华（见图 9–6）。塔印风华最大的亮点就是矗立在向日葵中央的水塔。余村水塔建于1986年，塔高17米，是当地村民饮用水储存增压的重要设施。当年矿山、水泥厂兴盛之时水源紧张，该塔被作为主要水源地之一。它见证了余村的发展变迁，记录了余村从“卖石头”到“卖风景”的美丽嬗变之路。如今，村民们在水塔上画上了山水画，水塔与周围的向日葵和远处的群山融为一体，成为一处标志性建筑。水塔周围的120亩向日葵，游客穿行其间，芳香扑鼻，沁入心脾。

图 9–6 塔印风华

4. 清风长廊

游客朋友们，我们现在来到的是清风长廊（见图 9-7）。清风长廊紧邻村道，架设于小溪之上。这里是人们休憩观景、放松身心的重要场所。像这样的公共设施，在余村景区还有很多处，我们在游玩的过程中就可以看到。在清风长廊之上行走，我们可以欣赏到周围的景色，这里视野开阔，入眼皆是美景。时而清风拂面而来，吹走我们一切的忧愁和烦恼。如果大家走累了，不妨在这里稍做停留，坐着休息一会儿，让身心暂时放松下来，让生活节奏再慢几拍，望山见水、寻觅乡愁，感受乡村的宁静。

图 9-7　清风长廊

5. 两山会址

游客朋友们，现在我们所在的地方是“两山”会址。“两山”会址公园位于余村老村委旧址，主要由“两山”纪念石碑、“两山”展示馆、数字电影院、院士林、党建文化广场等板块组成。该公园于 2015 年 7 月建成并对外开放，是余村对外宣传展示实践示范成果的重要平台。作为余村的主要标志性建筑，“两山”纪念石碑（见图 9-8）水面以上高度 8.15 米，代表 2005 年 8 月 15 日这一特殊日子。余村树立这块纪念石碑，是为了感恩习近平总书记指明正确的发展方向，表明今后会一直坚定不移沿着“绿水青山就是金山银山”指引的路子阔步前进的坚定决心。“两山”展示馆建筑总面积约 4 000 平方米，1 号楼以余村践行“两山”理念为主题，分为一层习近平总书记与安吉、二层余村村史馆、三层新时代的余村三个板块。2 号楼以安吉践行“两山”理念、牢记嘱托、感恩奋进为主题，分为壮士断腕、生态自醒，两山指引、生态自觉，高举旗帜、生态自信三个板块。数字电影院播放的是《“两山”理论》纪录片。自建立以来，观影者络绎不绝。院士林总占地面积约 3 亩，全部由在安吉建立专家工作站的中国科学院、中国工程院院士种植而成。每年到了 5 月 30 日“全国科技工作者日”这天，两院院士都会纷纷前来种树。现如今院士林已成为景区重要的科普教育实践基地、传播科学精神的主要平台。

图 9-8　“两山”纪念石碑

6. 激流勇进

游客朋友们，现在我们来到的是激流勇进（见图 9-9），在这里主要是体验皮筏漂流活动。荷花山皮筏漂流位于余村赵家堂自然村。整个漂流行程约一小时。河水清澈，绿波盈盈，沿河两岸绿树盎然，鸟鸣虫唱。置身漂伐中，有回归大自然的无限情趣。沿途中河道时而飞流直下，时而坠入深潭；河流时而平缓，时而湍急，是最富有挑战性的休闲娱乐项目，也是都市人感受自然，与蓝天、山野、溪水亲近的最佳户外活动方式。在行程中，两岸风光秀丽、水面野鸭嬉戏、水底鱼虾助兴，水草伴随着皮筏摇曳，可谓是一路行程一路景色。此外，荷花山漂流还设有集餐饮、住宿、漂流为一体的综合性旅游接待站。该旅游接待站设置了游客接待大厅、售票处、寄存处、洗浴室、更衣室等，还提供导游、客运、餐饮、漂流等一条龙服务。

图 9-9　激流勇进

7. 古树秋思

游客朋友们，现在我们来到的是银杏林。当中有一棵银杏树是余村内树龄最大的，已有 1 000 多年的历史了，围径达 8.2 米，被称为“江南银杏王”（见图 9-10）。银杏是我国特有的一个树种，是第四纪冰川运动后遗留下来的最古老的裸子植物，是世界上十分珍贵的树种之一，因此被当作植物界中的“活化石”。在古代银杏树被认为是一种“吉祥树”，经常栽种在达官贵人的门前屋后，更有银杏入宅、黄金满财的说法。在自然条件下生长的银杏从栽种到结果要 20 多年，40 年后才能大量结果，因此别名“公孙树”，有“公种而孙得食”的含义。余村境内有大大小小银杏数百棵之多，近半数都有百年以上的树龄，其中三棵千年银杏遥相呼应。此外，银杏还是余村的村树，其村标也是一片银杏叶，因此，村内道路两侧、公园里、庭院外都有种植银杏树，且树龄都较大。

图 9-10 “江南银杏王”

8. 龙潭碧玉

游客朋友们，我们现在来到了龙潭碧玉景点（见图 9-11）。在余村冷水洞自然村山间，洞穴密布，这里大多为古代铜矿、银矿开采遗迹。水库西南山顶有一眼泉水，余村当地村民称之为“龙潭”，传说此处直达东海龙宫。龙潭原为祭拜龙王之所在，每逢风雨失调，久旱不雨或久雨不止时，民众都要到此烧香祈愿，以求风调雨顺。为确保农田灌溉，余村动员全村劳动力兴建“冷水洞水库”，1976 年 10 月开工，1982 年 12 月水库完工。2006 年，该水库实施“千库保安”工程，进行清淤扩容，2016 年该库区再次进行景观改造提升，2018 年 1 月工程竣工。十余年来，余村关闭矿山，修复生态，大力发展乡村旅游，成功将生态资源优势转化为经济发展优势，实现了生态保护和民生改善的共赢。

9. 矿山遗址

游客朋友们，现在来到的是矿山遗址（见图 9-12）。冷水洞矿山位于余村冷水洞自然村，开采于 1974 年。该石矿主要出产石灰石，起初矿石主要供应村 3 个石灰窑烧石灰，后来扩展到利用石灰渣生产碳化砖。1986 年左右，天荒坪镇大力发展工业经济，建

图 9-11　龙潭碧玉

立起了 4 家水泥厂，该矿山成为供应石灰石的主要矿区。因为经济效益可观，后来逐渐加大开采量，新增 2 个矿点，扩展到 3 个矿山同步开采矿石，年开采量约 25 万吨。仅 4.86 平方公里的余村土地上，就有 3 个矿山、一个水泥厂，俗称“一厂三矿”。很快“一厂三矿”就让余村迅速成为安吉县“首富村”，但余村的青山绿水却在砰砰炮声和隆隆烟雾中变了样，到处都是矿石碎砾，空气中尘土弥漫。虽然百姓的腰包鼓了，但是往日的青山没了。当时余村的村领导班子和村民开始商议，如何传承先祖留下来的自然文化遗产，为子孙后代留下“绿色财富”，最终决定对村庄环境和村经济发展模式进行调整，改革也就这样悄然拉开了帷幕。自 2002 年起，余村逐步关停矿山，到 2004 年底全面停产，并进行复垦复绿。2016 年，余村对该矿山进行全面改造，建成矿山遗址公园，记录着余村从“卖石头”到“卖风景”的美丽嬗变之路。

图 9-12　矿山遗址

10. 灰窑遗址

游客朋友们，我们现在来到的是灰窑遗址（见图 9-13）。该灰窑建于 1974 年，于 1976 年投产经营，在 1986 年时停产，是新中国成立以后余村百姓兴办矿山经济掘起第一桶金的地方。鼎盛之时共建有 5 座灰窑，现残存 2 座。20 世纪 70 年代末，工人们把从山中开掘出的石灰石加上石煤经高温煅烧提炼成生石灰，用残渣制成碳化砖向外销售。遥想当年，这里热火朝天，炮声隆隆，粉尘蔽日，生产兴盛。现如今，这里青山绿水，天清气爽，碧空如洗。灰窑遗址记录了那个时代的印痕，传承着几代人的乡愁记忆，时刻警示着余村百姓必须坚定不移沿着“绿水青山就是金山银山”的路子走下去。

图 9-13　灰窑遗址

思考与练习

1. 阐述智慧乡村的起源与发展。
2. 阐述智慧乡村导览系统建设内容。

任务十 认知智慧导览在酒店中的运用

任务内容

1. 了解智慧酒店的发展背景及智慧酒店的概念和特点；
2. 熟悉智慧酒店导览服务的运用。

随着互联网的普及及大数据技术的日趋成熟，消费者的需求日益多样化，为顺应时代发展要求，满足市场变化需求，酒店类型与酒店功能越发完善。服务行业运用了人工智能技术，如酒店内的送餐、酒店预订等。人工智能的推广，一定程度上可以降低酒店的人力成本，改进服务质量，提升管理效率，而且人工智能可以凭借低失误率取代低质量劳动力，从而提升酒店的核心竞争力。人工智能的发展与普及为智慧酒店的出现奠定了良好的基础，酒店管理模式由此发生了巨大变化，智慧酒店应运而生。智能酒店的出现和发展可以更好地满足人们线上查询酒店信息、酒店服务、预订酒店房间等需求，有利于促进酒店现代化管理的发展和酒店行业环境的优化。

一、智慧酒店自助导览概述

（一）智慧酒店的发展背景

1. 技术背景

物联网、云计算、大数据、人工智能等新一代信息技术的发展正深刻改变着人们的思维和生产、生活方式，并掀起全球新一轮的科技革命和产业变革。信息技术的发展促进了“智慧”及“智慧地球”概念的产生。其主要内容是将新一代的信息技术充分运用于各行各业之中，即通过将感应器嵌入或装备到电网、铁路、桥梁、隧道、公路、建筑、供水系统、大坝、油气管道等各物体中，将其普遍连接起来，形成物联网，然后通过超级电脑和云计算将物联网整合起来，实现人类社会与物理系统的整合。以此为基础，人类可以以更加精确和动态的方式管理生产和生活，从而达到“智慧”的状态。在“智慧地球”的概念被提出来以后，“智慧城市”“智慧旅游”等概念也相继被提出。如今移动互联网、物联网、云计算、人工智能等信息技术的快速发展，为智慧城市建设提供了必要的技术支持，也为智慧酒店的发展提供了硬件支撑。

2. 行业背景

随着旅游消费的快速增长，酒店行业亦出现了新的发展困境。一方面，传统酒店获得了更大的发展机遇和前景空间；另一方面，各家酒店集团产品不断迭代升级，行业竞争日趋激烈。随着行业竞争的不断加剧、顾客需求的不断提升，以往依靠价格、质量竞争的方式已不适应现实需求，酒店从业者需要不断地寻求扩大酒店销售、改进服务质量、降低管理成本和提高顾客满意度的新方法。物质生活水平的提高使得人们对衣食住行也提出了更高的要求。酒店客人不仅希望住得更为舒适、便利、安全，而且希望酒店能够提供更多的升级服务及功能。如何满足消费者多样化、个性化的需求，成为酒店经营者面临的新难题。为了获得竞争优势，在行业中脱颖而出，智慧酒店或酒店智慧化成为未来酒店行业的发展趋势之一。

（二）智慧酒店的概念

在理论研究方面，目前学界和业界对于智慧酒店的概念尚未形成统一的认识，不同学者对智慧酒店的理解存在一定的差异。在行业实践方面，不同酒店的智慧建设状况也参差不齐，一个重要原因在于许多酒店对智慧酒店概念的理解存在一定偏差，这些错误的理解使得酒店智慧化的建设不仅没能满足客人需求、优化客人体验、提高酒店的服务质量，反而给客人带来了诸多不便和困扰。很多酒店的管理人员将智慧酒店理解为自助式酒店，认为智慧酒店就是将服务置于网络，用机器人取代人工，智慧酒店只靠简单的软硬件堆砌就能实现，而实际上智慧酒店的概念强调的是将智能技术与专业酒店服务系统集成为一整套解决方案，它可以为客人创造出一种智慧但不失温度和厚度的服务，最终形成一种人机合作运行的新运营模式。

关于智慧酒店的概念，表 10-1 列举了几种较具代表性的观点。2013 年我国旅游主管机构发布了《饭店智能化建设与服务指南》管理标准，从那个时候开始关于智慧酒店的概念和内涵等方面研究日益增多。从技术角度而言，智慧酒店的发展结合了当前的主要信息化技术，如综合了大数据、云计算、物联网等新概念，整体智能化运行水平更高，大数据技术的深入应用，使得酒店管理者能够通过分析消费者行为获取客人的消费习惯，进而从经营角度进行业务调整，以期更好地满足市场需求，通过相关技术整合等方式实现了酒店的高效建设和发展。从客人满意度来看，智慧酒店通过信息化手段可以提升服务便捷性，使得酒店能够实时与客人进行对接交互，酒店依据客人的个性化需求能够不断提升服务品质，以服务效能和客人满意度为目标改进管理和经营结构，从而优化策略。

表 10-1　智慧酒店的概念

出处 / 作者	概念
北京智慧饭店建设规范（试行）（2012）	智慧饭店是利用物联网、云计算、移动互联网、信息智能终端等新一代信息技术，通过饭店内各类旅游信息的自动感知、及时传送和数据挖掘分析，实现饭店“食、住、行、游、购、娱”旅游六大要素的电子化、信息化和智能化，最终为旅客提供舒适便捷的体验和服务。

续表

出处 / 作者	概念
国家旅游局《饭店智慧化建设与服务指南》（2013）	智慧酒店是指整合现代计算机技术、通信技术、控制技术等，致力于提供优质服务体验，降低人力与消耗成本，通过智能化设施、提高信息化体验、营造人本化环境，形成一个投资合理、安全节能、高效舒适的新一代酒店。
李臻	智慧酒店拥有一套完善的智能化体系，通过经营、管理，服务的数字化、智能化与网络化，实现酒店的个性化、人性化服务和高效管理。
冼洁丹	智慧酒店不仅是数据信息的整合工作的智能化和自动化管理，还能够通过网络虚拟平台对客户提供全面的数字信息化服务，将整个管理系统通过对网络数字信息技术的引入进行深层次的优化和改善，从而使得整个酒店的管理工作可以做到尽可能高的自动化管理。
陈曦	智慧酒店是指将智慧型技术、智慧型产品，目前是指新一代的信息技术和利用新一代的信息技术设计、制造的产品，应用于传统的酒店行业，通过将智慧型产品和酒店服务系统化整合，使酒店行业在保留核心底蕴的基础上，实现服务升级和体验升级，以更好地发现和满足顾客多样化需求的新型酒店。

我们可以从以上观点提炼以下几个关键要素：

（1）智慧酒店充分运用融合了云计算、移动互联等信息化技术；

（2）运用了大数据，实现数据整合；

（3）围绕客户体验开展服务；

（4）以开源、节流、增效为目的。

因此，本书认为智慧酒店是指基于物联网、大数据、移动互联网等新一代信息技术，以酒店基础设施的智慧化为基础，实现酒店运营、管理、服务、营销的方面的智慧化和一体化，满足客人的个性化需求，提升酒店管理效率和顾客满意度，帮助酒店实现开源、节流、增效等目的的酒店形式。

（三）智慧酒店的特点

智慧酒店的特点包括：

1. 科技化

智慧酒店在技术层面实现了新技术的集成，通过智慧化应用提高了酒店的竞争力。高科技应用体现在以下方面：一是提供了酒店的标准化服务体验，智慧酒店更多通过手机终端或者智能设备帮助客人完成入住，实现了服务便捷化，避免了服务人员态度差异给住客带来的差异感受；二是实现了客房内的智慧化体验，通过配置智慧化终端，实现一键进屋，客房内的窗帘、灯光、电视等设备都可以通过语音或手机终端进行控制；三是实现了酒店内部管理的高效化，相比传统酒店，智慧酒店减少了员工很多日常的重复性劳动和事务，提升了资产管理和人员管理的效率。

2. 信息化

通过 PMS、CRM、CRS、LPS 等系统，智慧酒店可以为客人提供更便捷、高效的服务，同时突出个性化和自主性。例如，客人入住后，智慧酒店能够结合其往期消费习惯为其提供个性化服务，增强他们对品牌的依赖度。同时，通过在线服务更有效地为客人提供即时服务，满足客人的现实需求，如在线叫餐配送、智能机器人送物等。

3. 智能化

智能化是实施酒店智慧管理平台的基本条件，具体包括智慧酒店布线系统、网络系统、控制管理系统、照明控制系统、安防监控系统等。例如，通过电子设备实现酒店住客人脸识别功能，同时客人可以获取访客信息和图像，确认人员信息并选择是否开门，进而保护客人隐私以确保其安全；酒店的官方微信、小程序等平台可以帮助客人实现在线预订等功能；室内环境控制系统可以根据室内外环境变化为客人创造舒适、安全的环境。

4. 人性化

智慧酒店的建设和运营目的是改善客人体验。当客人体验得到提升时，酒店的满意度自然会得到提高。人性化服务是智慧酒店的优势之一，通过科技化、信息化等方式，分析客人的个性需求，并从酒店客房、餐厅、停车场等方面满足客人的需求，突出人性化理念。例如，客人打开房门时，房间的迎宾灯会渐次亮起；根据客人需求房间可以变化成会客场景、影院场景等多种模式。

5. 节能环保，绿色低碳

通过优化管理体系，落实新的管理策略和方法，智慧酒店可以通过无纸化办公等方式降低消耗，同时积极应用智能化手段控制用电用水设备，实现后台科学测算，降低实际能耗。例如，客控系统通过对空调、灯光、电器进行智能控制，在不影响住客入住舒适度的前提下，尽可能降低各项能源消耗。

（四）智慧酒店导览服务概念

智慧酒店自助导览系统集多种设备系统、场景服务于一体，通过整合大数据、人工智能、物联网等信息技术手段对酒店内外部环境进行全方位的信息整合，整理并分析用户数据，打造多元化智能化场景，实现住客信息查询、VR 选房、在线预订、自助入住、一键开门、人脸识别、一键配送等智慧化、交互化服务，通过智能化设施营造舒适的入住环境，让住客体验到更舒适、更便捷、更个性化的服务，提升住客的满意度。

（五）智慧酒店运营管理

大数据、人工智能等技术在酒店中的运用非常广泛，覆盖前厅部、客房部、餐饮部、康体娱乐部、财务部等部门的各个岗位。智慧酒店在运营管理和服务过程中的智慧化主要表现在以下几个方面：

1. 酒店管理智慧化

酒店管理智慧化表现在酒店资产管理、流程管理、能耗管理等诸多方面。酒店资产是经营管理的主要前提，高效智能化的资产管理有利于保障酒店资产的安全，提高资产的使用效率和维护效率。智慧酒店通过资产管理系统和电子标签对固定资产进行监控、清查和日常管理，实现对资产使用状态和生命周期的全程跟踪，提高资产使用效率和维护效率，避免资产流失。

酒店流程管理是提高服务质量和服务效率的重要基础。智慧酒店通过为员工配置智能移动终端，实现无纸化工作指令引导，规范和记录服务人员的每一个操作流程，做到快速反应、量化管理。同时，智能移动终端能将员工工作中出现的差错向上级预警，以便及时修正，提升管理效率。智慧酒店流程管理智能化不仅为酒店提供了高效的服务，而且提升了员工的服务质量和服务效率。

智慧酒店借助照明控制系统、安防监控系统、多媒体系统、酒店环境控制系统等对酒店的管理和运营进行智能控制。如通过能源控制系统，能够实现酒店对水、电、热等进行智能监控与调节，从而降低能耗，实现绿色低碳。

2. 酒店服务智能化

传统的酒店服务对各个岗位员工的要求较高，员工工作量较大。在智慧酒店的办理入住环节，客人通过自助入住系统办理登记及入住手续，有效减少了前台服务人员的数量。智慧酒店客人也可以通过手机 App 实现自助选房、刷脸开门、客房内智能服务以及退房结账等一系列流程，这些便捷的智慧服务体验提升了住客满意度。

在客房服务上，客人通过启用“呼叫服务”按钮，服务终端能立即显示呼叫内容，同时通过服务终端实现宾客信息智慧共享，可以提高各部门间员工协作能力和对客服务水平。

3. 酒店营销智能化

传统的酒店主要依靠员工招揽客户进行营销，大数据、人工智能给酒店的营销工作带来了新的机遇。酒店智慧终端平台可以捕捉分析市场信息，获取直接客户和潜在客户的数据，了解和分析客人的消费能力、购买欲望、餐饮喜好、住宿需求等，跟踪和掌握客户群体的需求变化；利用多样化的营销方式和渠道推介酒店的产品和服务，如通过酒店官方网站、旅游中间商网站、OTA 平台网站等网络渠道进行网上销售；同时还可以借助新媒体平台或自媒体平台与客人进行互动营销，根据客人需求为其提供咨询、预订等全方位的个性化服务。

二、智慧酒店导览运用

（一）智慧酒店系统的构成

智慧酒店系统以酒店为平台，利用综合布线技术、网络通信技术、安全技术、自动控制技术和音视频技术，整合酒店设施，建设高效的酒店设施和酒店管理系统，以提升酒店的安全性、舒适性、便利性。智慧酒店系统包括酒店布线系统、网络系统、停车管理系统、数据化管理控制系统、照明控制系统、电气控制系统、安防监控系统、窗帘控制系统、背景音乐系统、多媒体系统、酒店环境控制系统等。服务器、计算机、存储设备、网络设备、布线系统等是酒店智慧化建设和运营的基础系统保障；物联网、网络系统是智慧酒店系统实现信息通信的运行保障；酒店的数据化管理控制系统通过对酒店内外部各类信息资源的整合与处理，为酒店的整体运行提供信息支持。

（二）智慧酒店导览服务运用

智慧酒店系统在智慧酒店导览服务方面的运用体现在以下方面：

1. 智慧停车管理系统

智慧停车管理系统的“智慧”体现在智能找车位和自动缴停车费等方面，实现了“入口免取卡，出口不停车”自动识别缴费。酒店智慧停车管理系统通过图像识别、云计算、移动互联网等新一代信息技术构建了网络云平台系统，形成了智能化运营管理的新模式。智慧停车管理系统结合平台数据统计与可视化管理，利用前端智能设备，提高了车辆进出的效率，实现了自动化和人性化的管理，解决了人工收费耗时长、拥堵等问题。

智慧停车管理系统的技术支撑包括车牌识别技术、车位诱导技术、反向寻车技术等。该系统相关技术能够科学安全地管理酒店进出车辆，高清车牌识别摄像头将自动识别记录临时车辆、月租车、内部车等车辆、型号、颜色等相关信息，并进行自动计数、计时、计费和满车位处理，充分利用有限的停车资源，减少人员操作，并利用 LED 电子显示屏进行信息提示。智慧停车管理系统可以让车主更为便捷地进场和离场，有效提升了酒店客人的停车体验感。

2. 智慧酒店综合管控系统

智慧酒店综合管控系统包括自助入住系统、电梯门禁系统、智能客控系统等，融合自动化控制、计算机网络和网络通信等技术为住客提供数字化、智能化、人性化的入住前中后全流程环节，为住客带来高效、便捷、舒适的服务体验。

入住前：通过酒店专属 App 或微信小程序引导客人进行 VR 自助选房，客人可通过客房设施 720° VR 全景展示挑选自己喜欢的房型并完成预订；酒店的自助入住机可以帮助客人快速办理入住手续，通过人脸识别技术完成刷脸入住，减少入住登记的时间，可协助酒店前台工作人员实现自动化的来客信息登记，提高工作效率，优化服务体验；部分酒店还有智能机器人进行线路引导，完成预订、登记、无卡开门等一系列入住流程。

入住中：通过酒店专属 App 或微信小程序进行一键开门，打开房门后房间启动欢迎模式，灯光渐次点亮，窗帘自动缓缓拉开，房间空调自动开启，根据室内外环境温度进行智能调节，并在到达指定温度后进入恒温节能模式。背景音乐自动响起，智能管家播报欢迎词欢迎客人入住，并介绍智慧客房操作指南，引导客人更好地体验智慧酒店服务。客人可以通过智能管家语音控制酒店内的灯光、窗帘、场景、空调、电视等，并通过客房服务呼叫酒店各类服务，如送餐、客房清洁等，享受智能管控系统带来的舒适、便捷。

入住后：客人可以提前设定退房时间，系统到时间自动退房；若客人临时忘记退房时间，系统会提前发送提醒消息，提醒客人退房，客人通过酒店专属 App 或微信小程序一键退房，无须再到前台办理退房手续。同时根据客人需求实现一键开发票，电子发票将会直接发送到客人邮箱，纸质发票仅需将开票信息发送到前台，客人便可在离开时直接从前台获取准备好的发票，既方便又省时。

3. 智能电梯门禁系统

酒店电梯内部的梯控模块通过与酒店管理系统及其他系统的对接，可通过刷房卡、刷脸等方式识别客人入住信息，并自动将其送至指定楼层，客人不需要和设备进行直接接触，使得客人搭乘更为方便、省心。同时，电梯门禁系统的梯控模块可严格管控非酒店人员及来宾进入酒店内部，降低潜在的安全风险。

4. 智能客房控制系统

智能客房控制系统主要包括：主控器、床头触控面板、空调触控面板、门铃触控面板、人体红外感应器、智能门锁、智能窗帘等。智能客房控制系统基于客房内智能控制器对酒店客房的安防、门禁、中央空调、智能灯光等系统进行智能化管理和控制，通过实时反映客房状态、住客需求、服务状况以及设备情况等，协助酒店对客房设备及内部资源进行实时控制管理。

智能客房控制系统的技术支撑包括计算机控制、网络通信等。该系统可根据酒店和客人的需求进行多种定制运行模式，实现蓝牙开锁、人脸识别、客房控制（灯光、空调、电视、音响等设备）、智能语音等多种功能，一方面为客人提供更加舒适、安全的环境，另一方面帮助酒店实行能源管理，降低酒店能耗。

5. 智能监控系统

智能监控系统采用基于电子技术、传感器技术和计算机技术的综合监控设备，通过识别并记录客人面部信息，为酒店内部的安全及日后特殊情况人员的追溯提供了重要依据，智能监控系统与公安机关安全监督系统相连，一旦出现非法入侵、盗窃等犯罪活动，智能监控系统就能及时发现并报警，自动记录下犯罪现场以及犯罪分子的犯罪过程，加快破案速度。

智能监控系统的主要应用位置包括酒店大门、前台、电梯、楼梯、楼层走廊等，通过在酒店重点区域安装多功能的数字监控系统，可以大大减轻巡逻、值班人员的劳动强度，为酒店的安全管理起到了积极作用，更好地保障了客人的人身及财产安全。

延伸阅读 杭州黄龙饭店

杭州黄龙饭店位于美丽的西湖与杭州商业文化中心的交界处，是由杭州旅游集团有限公司斥巨资建设的五星级酒店，现由杭州商贸旅游集团管理。2009 年 6 月，黄龙饭店与 IBM 公司合作，打造了中国第一家拥有全系列酒店管理系统和 RFID 等智能体系的“智慧酒店”，IBM 公司为黄龙饭店设计了一整套的“智慧酒店”解决方案。建成后的黄龙饭店以世界领先的智能水平为客人提供了难以想象的服务体验。此次改造使黄龙饭店升级为浙江省首家国家级的白金五星级酒店。

1. 住客体验智能化

黄龙饭店提供给客人多重智能体验，让客人的首次入住耳目一新，再次入住则得心应手，对智能体验欲罢不能。让客人感受到黄龙酒店所提供的体验是最高端且唯一的。

（1）客房智慧导航系统。所有入住黄龙饭店的客人都可以拿到一张独一无二的房卡，进电梯只需刷卡即到达所住楼层，出电梯后系统会自动感应客人的房卡信息，走廊内有三道指示牌指引客人至房间，轻松解决了客人因不熟悉而难以准确定位房间的问题。

（2）VIP 快速通道。VIP 客人开车进入车库的同时完成登记入住和房卡制作，便于保护高端客人的隐私。

（3）全世界第一套电视门禁系统。大多数酒店的门禁是传统的猫眼，黄龙饭店在这方面独具创新。门铃一响，客人不必看猫眼，门外的图像会自动跳到电视屏幕上，便于客人快速判断门外情况。

（4）客房智能手机。每间客房配备了一台智能手机，号码就是客房电话，可实现全球漫游，免费拨打，免费接听。这极大地方便了出差在外的国内外客人。

（5）互动服务电视系统。黄龙饭店将电视的功能用到极致，内设八国语言系统，会根据客人信息自动选择其母语欢迎客人入住，自动弹出客人上次入住时常看的频道，并显示客人祖国天气及杭州当地天气情况。此外该系统还可以显示机场航班动态，方便客人合理安排时间。

（6）iPad 点菜系统。黄龙饭店是全球酒店业第一家采用 iPad 点菜系统的酒店，酒店研发出 i-Menu 点菜系统，所有菜品均可清晰显示，除了形象的画面，各种食物的成分也清楚标示，方便搭配。

诸多创新体验令客人目不暇接，流连忘返。因为新奇的智慧体验、舒适的酒店住宿，黄龙饭店用全方位的智能系统“俘虏”了一批又一批客人的芳心。系统化的智能体验客房完全超越数字客房的狭隘范畴，实现了客人体验的全面覆盖。

2. 对客交互智能化

现代酒店服务业涉及的信息传输准确度和即时性是酒店服务质量的重要保障，服务环节的增加会导致信息传递过程中的损失，进而直接导致服务失败。因此，对客交互的智能化既是提升服务品质的关键，也是提升酒店核心竞争力的重要手段。黄龙饭店利用智能系统实现了对客交互的智能化，极大地提升了服务品质。

（1）客户识别。服务人员对客人的礼貌问好给客人以热情感和尊重感，这一行为已逐渐成为国内外酒店服务培训必不可少的内容。黄龙酒店不限于此，以智慧酒店信息化建设为基础，深耕个性化服务，通过自动感应客人所携带的房卡信息，准确将客人姓氏传递给服务员，服务员可由此进行一对一问好，带给客人的尊贵体验。

（2）对客服务。客人住店期间有服务需求，这种信息在很多饭店往往经过多次传递而无法及时完成，甚至招来投诉。为此黄龙饭店为每个当班员工配备了一台 HTC 手机。客人将服务需求信息告知服务中心，服务中心随后立即将服务信息发给当班员工。如果员工有时间、有能力完成则确认，有事难以抽身则可以转给其他员工。服务完成后员工会向服务中心确认完成，而服务中心则会征询客人意见。在这一服务过程中不存在信息损耗，实现了客人—信息中心—相应职能部门之间的闭环对接。

（3）点菜系统。客人用 iPad 点菜，服务员则通过 i-Touch 进行确认。客人的需求通过信息系统直接传到厨房间，厨师与服务员实现无缝对接。

（4）智能会议管理系统。智能会议管理系统通过自动签到统计已到和未到的宾客人数，并通过分析各类数据将参会人员的具体信息汇总成报表，让每次会议的结果可询可查。智能会议管理系统还会自动统计客人在不同展区停留的时间、每个展区参观的人次等，展会主办方可以轻松地分析哪些产品更加有市场吸引力。

3. 内部管理智能化

目前，大多数酒店采用的智能系统主要针对物流和资金流，用于成本控制。对于员工服务的考核评估管理仍主要依赖逐级责任人考核的方法，其中人的主观因素占比较大。黄龙饭店对员工的工作和付出有着准确的统计数据，因此可以有效激励员工。

（1）员工管理。当班员工的制服内有专业专用标签，在各个分区都有读写器，显示员工定位。员工通过随身携带的手机接收任务并汇报完成情况，所有的服务都会在中央系统留下“痕迹”，便于统计员工的工作量。

（2）资产管理。在贵重物品上粘贴专用标签，如果资产非法移动，系统就会自动报警，直接解决了酒店贵重物品的管理难题。

（3）流程管理。无论是客房服务还是餐饮服务，整个流程都是无纸化办公，所有的流程都经过中央系统，流程控制一目了然，信息通畅，管理高效。

智慧酒店代表了未来酒店业发展的趋势，科技化是高端客源所依赖和喜爱的内容之一，高科技体验完全可以成为酒店经营和管理的利器，成为吸引高端客源的竞争力要素。只有全方位的智能提升打造出的智慧酒店，才能给客人带来独特的服务和体验。黄龙饭店以其开拓性的创举为我国智慧酒店的实践与发展提供了一个完美范例，更以此成为高端酒店市场的民族品牌，为国内的高端酒店业开辟了一条成功之路。

延伸阅读 菲住布渴酒店

菲住布渴酒店位于杭州阿里巴巴西溪园区，是全球第一家支持全场景人脸识别的酒店，拥有290间客房，共10种房型。

1. 菲住布渴酒店模式

（1）全智能设备＋人工服务。与目前大多数智慧酒店不同的是，菲住布渴酒店除搭载了智能客控系统、智能楼宇系统、网络交互电视外，还大量使用AI技术。在客房内通过“天猫精灵”可实现语音联动，控制房间灯光、电视、空调、窗帘等开关。如果需要客房服务，客人可呼叫天猫精灵，由机器人直接将食品、饮品送至客房门口。同时考虑到人性化的服务需求，加上许多客人并不能完全习惯使用智能语音操控，并且天猫精灵也可能因为网络延迟或语音识别不准确等造成失误。因此在岗位设计上，菲住布渴酒店设置了“服务大使”一职，活动于酒店各个区域，在客房内设置了“一键呼叫”按钮，客人可快速联系到酒店工作人员，为客人提供“人工服务”的加持，客房内还安装了体感系统，当识别到客人入睡或离开房间时，客房将自动切换到“省电模式”。

（2）高科技投入。作为全球首家全场人脸识别智能酒店，阿里云为菲住布渴酒店提供安全的大数据底层服务，达摩院提供酒店整套数字化运营平台，AI智能服务中枢以及智能场景系统的研发；人工智能实验室提供了最新设计的智慧机器人；钉钉团队提供了酒店的数据运营平台；飞猪作为整体业务领衔方，协调阿里内部各方生态资源，共同设计了全链路的体验流程。在未来，客房内的各设施，也将支持App拍照后一键在线下单。

2018 年开业期间，菲住布渴酒店对外销售的最低房价为 1 399 元 / 间夜，近年来，价格有所下降。据酒店总机工作人员介绍，目前酒店入住率可达 80%～90%。

（3）共享停车场及人脸识别。菲住布渴酒店没有自己的停车场，而是和附近的商业共享付费停车场。客人办理完入住手后在进入客房和公空间如电梯、健身房时可以人脸识别的方式进入，减少了刷卡识别的烦琐，节约了健身房前台的人力。在酒店餐厅，客人用餐后可使用人脸支付的方式付款。

2. 菲住布渴的用户体验流程

（1）预订界面。客人入住前通过手机里的“菲住 App”进行预订。首页介绍了酒店的基本信息，简约的设计使客人能够很快获取信息。客人在预订界面选择喜好的房间，全景技术 360° 浏览酒店房间的布局和设备。App 提供发票报销服务，可以直接申请电子发票。餐饮界面介绍了酒店的各个餐厅供应时间及种类，客人可以自由选择下单。

（2）智能终端登记（见图 10-1）。客人到达酒店后进入大堂，映入眼帘的是互动景观大屏，因为没有前台，所以由机器人进行引导。客人可在大堂自助机刷脸办理入住或在手机上凭电子身份证完成自助登记入住。菲住 App 采用全新面部识别技术，客人也可以在手机上“刷脸入住”，不到一分钟就可以快速完成，减少了酒店办理入住的时间。酒店设立了智能门禁系统，客人开启人脸识别后就可以实现全场景的“刷脸”。机器人利用人脸识别确认客人身份后，会引导客人前往电梯。电梯内的无感体控系统会识别客人身份并到达相应楼层。在客房门口客人通过人脸识别打开房门，保障了客人的隐私，提高了酒店的安全性。

图 10-1　智能终端登记

（3）智能机器人（见图 10-2）。客人入住期间房间的设备也全部是智能语音交互操作。客人通过对天猫精灵下达指令，控制客房内电视、灯光、空调、窗帘等设备。菲住布渴酒店舍弃了传统酒店的房卡，语音交互和感应装置简化了烦琐的操作，更加符合客人习惯。客人通过天猫精灵点餐后，会有智能机器人将餐品送到客房。除了必要的厨师和清洁人员，智能机器人代替人工提供服务，降低了人工服务的成本和不安全性。

图 10-2 智能机器人

（4）酒店智慧服务场景。客人在餐厅就餐时可通过菲住 App 预订食物，由智能机器人运送到餐桌前。人脸识别设备会将客人的消费自动计入房费。酒店的健身房结合智能技术及沉浸式交互场景给客人创造独特的健身体验（见图 10-3）。

图 10-3 酒店健身房

（5）一键退房。客人退房只需要在菲住 App 上一键点击，无须等待查房。在入住及退房时，客人通过支付宝芝麻信用可以获得便利。完成退房后，酒店启动定位系统通知附近的清洁人员前去打扫。类似网约车的接单模式能够节约人力成本，减少不必要的劳动力。

思考与练习

1. 简述智慧酒店的特点。
2. 阐述智慧酒店不同系统的功能和作用。

任务十一 认知智慧导览在商场中的运用

任务内容

1. 了解智慧商场的发展历程和概念；
2. 熟悉智慧商场导览的概念和内容。

随着社会的发展，大型商场或购物中心的建设为人们的日常生活提供了极大的便利，它不仅体现了城市的经济发展水平，而且标志着该区域交通、文化、旅游的繁荣程度。如今的购物商场是集购物、餐饮、超市、儿童乐园、影视院线等为一体的综合性消费场所，消费者对商场的需求也变得更为复杂和多样，因此商场需要不断优化购物环境，提升服务水平，并借助相关信息技术手段为消费者打造更为全面、智能的购物体验。

现代商场中的自助导览系统即导视图、指示牌、地面标记等，人们在商场中进行购物、餐饮、休闲等活动中，为消费者提供场所地点信息、功能信息等服务。自助导览系统有助于消费者了解商场的楼层布局、店铺位置等。例如，自助导览系统可以让消费者清晰、直观地了解自己所处的位置，查询相关门店的具体楼层和方位，了解直达目标位置的最短路径，有助于商场为消费者提供更为便捷、智慧的导览服务和全新的购物体验。

一、智慧商场概述

（一）智慧商场的出现与发展

1. 百货商店的诞生

始创于 1938 年法国巴黎的 Le Bon Marché（乐蓬马歇）是世界上第一家百货商店。乐蓬马歇是世界商业史上第一家实行“新经营方式”的商店。具体包括顾客可以自由进出、参观商店；所有商品实行“明码标价”，对任何顾客都一视同仁；商店内陈列了大量的商品，可以任顾客随意挑选；当顾客对购买的商品不满意时可以退换；采取“薄利多销”的商品销售策略。这些经营方式在当时物资匮乏的年代具有划时代的意义，因此学术界称之为“现代商业的第一次革命”。

2. 超级市场的形成

第二次工业革命后期，20 世纪 30 年代全球经济危机爆发，衰退的购买力对零售业造成了毁灭性冲击，大批的制造商、零售企业倒闭。低廉的店铺租金给超级市场的出现提供了条件，为了节省人工成本，自助购物的方式就此产生。美国最先采用了这种销售形式，1930 年，美国人迈克尔·库仑在美国纽约州开设了第一家金库仑联合商店，最初出售的商品以食品为主，并不断向日用百货、服装、衣料、家用电器、家具等方面发展。超级市场的主要特征表现在三个方面：一是商品均事先以机械化的包装方式，分门别类地按一定的重量和规格包装好，并被整齐地摆放在货架上，明码标价，顾客实行自助服务，可以随意挑选；二是采用电子计算机等相关现代化设备进行计价、收款、开票，采取一次性集中结算，便于管理人员迅速了解销售情况，提高了工作效率；三是商品品种齐全，挑选方便，人们可以在一个商场内购买到日常生活所需的绝大部分商品，且商品价格低廉，极大节省了顾客的时间和成本。

3. 连锁商店的兴起

第一次信息技术革命产生的新技术为连锁商店的实现提供了可能性。20 世纪 50 年代出现的连锁商店是大工业规模化生产的产物，其实质是通过社会化大生产的基本原理应用于流通领域，达到提高协调运作能力和规模化经营效益的目的。连锁商店的主要特征表现在四个方面。一是标准化管理。连锁商店的标识、装修、服务标准、员工服饰、商品价格等均保持一致性，从而使连锁商店的整体形象标准化。二是专业化分工。从组织结构上看，连锁商店分为总部和分店，总部的职能是连锁，分店的职能是具体销售。总部的作用在于研究企业的经营技巧并制定统一的目标和管理制度以指导分店，摆脱了分店以往依赖经验管理的弊端，从而提高企业整体管理水平。三是集中化进货。连锁商店依靠大规模集中进货优势掌握了与供应商的议价权，通过降低进货成本取得价格竞争优势，并且能在短时间经过统筹分配将货品通过分店销售出去，在降低库存成本的同时加快了商品的周转，提升了资本的使用效率。四是简单化作业。连锁商店管理中尽可能将操作流程标准化，以减少经验因素对经营的影响，在各个环节的控制上都执行统一的运作标准，通过精简不必要的环节达到事半功倍的效果。

4. 网络零售的变革

随着互联网、移动通信技术的兴起，人们新生活方式和个性化需求的出现引发了零售业的第四次变革，具体表现在四个方面。一是网络技术打破了零售业的时空限制。在传统的零售经营中，店面的选择占据了极其重要的地位，客流量成为零售经营成功至关重要的因素。网络技术的出现打破了这一地理空间限制，零售商甚至无须租赁线下门店，仅仅通过网络就能将目标市场扩展到全国乃至全世界，竞争日趋激烈。二是新业态崛起导致销售方式发生变化。新型的零售形式"网络商店"的出现使得消费者的购物方式从以往的"线下进店购物"转变为"居家在线购物"，让消费者足不出户即可在网络上完成购物过程。传统线下零售商也积极开展电子商务活动，结合线上线下各自的优势以发挥最大功效。三是零售商内部组织重组。网络技术的出现势必代替零售商原有的部分销售渠道和信息渠道，变革企业原有组织关系，如业务人员和线下零售门店的减少，迫使零售商对企业内部进行重组。网络的兴起也改变了客户关系管理的传统工作模式，实现更为完善的客户资料管理和互动方式优化。四是经营费用下降，零售利润也进一步降低。零售商的网络化经营本质上是新的交易工具和新的交易方式的形成过程。在此过程中，零售环节的内外交易费用都会下降，具体包括：企业内部的联系与沟通费用、企业人力成本费用、企业进货资金、仓储费用和管理费用、网络宣传费用等。与此同时，对于消费者而言，网络信息的公开透明使得获取商品相关信息的成本降低，消费者可以在网络上通过搜寻、对比，直到获取最优价格，进而使得市场竞争日趋激烈，导致零售利润进一步降低。

如今，新技术和新需求给零售业的发展不断带来新的变化，不断出现的第四次零售革命、新零售等新名词都在诠释这种变化。近年来，在消费升级趋势的背景下，用户的消费习惯正在向社交化、智能化、体验化等方向转变，满足基本需求的同时也更加注重消费之外的体验。一大批传统购物商场在互联网、大数据、人工智能等技术的帮助下开始转型，实行更贴心的服务、更精细的管理，虚拟试衣间、商场无线网络、停车线上支付等智能化项目悄然出现，智慧商场作为新型购物中心应运而生。

（二）智慧商场的概念

购物商场是现代城市或郊区市镇中常见的大型公共场所，是集购物、休闲、娱乐、餐饮、文化等设施于一体的商业设施。智慧商场则是新零售变革趋势下的产物，是智慧城市建设中的重要组成部分。智慧商场以传统购物商场为载体，将来自商场不同载体信息源的数据进行整合分析，为消费者、商家、商场管理者提供大数据支持的智能化消费场景，从而满足消费者对商场的各项服务和产品的预测、定制和推荐。智慧商场的主要内涵体现在满足消费者个性化消费体验和维持此类体验的新要求和管理手段，即实现消费体验智能化和管理智能化。

智慧商场的界定并没有统一标准，智慧商场中的免费 Wi-Fi、个性化服务、上门配送等都属于智慧商场服务建设的范畴。2016 年阿里巴巴提出了“新零售”概念，将智慧商场的建设目标设定为“以消费者的需求驱动的零售”，具体表现为消费者、商家、商场管理者提供大数据驱动的智能化场景应用。与传统商场相比，智慧商场更加智能化，能够实现远程控制、设备智能联动控制等。智慧商场以传统线下购物中心为载体，基于物联网、云计算等新技术手段通过数字化与网络化对服务和产品进行预测、定制和推荐，为实体商场打造线上线下全场景的购物体验模式，让消费者获得线上线下的“一体化”服务和体验。

2017 年 9 月，商务部发布的《走进零售新时代——深度解读新零售》报告中，将新零售归纳为新角色、新内容、新形态、新关系、新理念五个方面并从这五个方面赋予智慧商场不同的含义。从新角色的角度出发，智慧商场是整个活动的“组织者”与“服务者”；从新内容的角度出发，智慧商场具有跨时间和空间的线上、线下全渠道生态系统，通过数据服务对消费者进行精准画像，能够满足消费者多场景的购物体验；从新形态的角度出发，智慧商场对用户需求的把握更加精准、更加全面，形成了复合型、集合型的经营形态；从新关系的角度出发，智慧商场实现了从传统商场中的供应商将商品“推”销给消费者变成“拉”动消费者，零售商、供应商和消费者之间形成了供需一体化的社群关系；从新理念的角度出发，商业主题的价值排序被重构，在消费者主权时代下商业主体需要更加了解消费者的需求。

二、智慧商场导览概述

（一）智慧商场导览的概念

智慧商场为打造智能化消费场景，主要通过商场智慧导览系统为消费者提供全方位的智慧导览服务。目前，国内仍有不少传统商场，其配套设施陈旧，室内设备在无人状态下仍保持运转，造成不必要的能源消耗和安全隐患问题。同时，部分商场存在寻找商场室内目标店铺困难的现象以及火灾等意外发生时难以确定人员位置等问题，无法满足智慧城市建设对商场的需求。智慧商场导览系统通过室内地图制作、3D 模型展示、室内定位导航、多媒体信息展示技术，借助商场电子导购软件，实现室内导航、商场信息发布、智能导览指引、停车缴费、预约排队等功能，完成智慧商场的运营建设。通过使用商场三维地图，消费者可以查看商场各层平面图和楼层 3D 地图，了解到各个商户的详细介绍，如品牌标识、店铺所售商品、点评、人均消费、位置等相关信息，无须对品牌进行二次检索。通过使用室内导航功能输入店铺名称，可以一键规划从当前所在地到达店铺所在位置，让消费者能够清晰、直观地了解具体路线。同时在手机终端可实现 VR 实景导航，1∶1 完整复刻商场实景，通过虚拟图标指引顺利到达目的地，消费者无须担心在商场中因迷路而浪费时间。

（二）智慧商场导览的内容

1. 基于消费者端的数智化场景建设

智慧商场的数智化应用在消费者端主要是通过手机移动端实现的，其在整个消费活动中根据不同的时段可划分为购物前、购物中和购物后三个阶段。

（1）购物前。消费者在购物之前，智慧商场导览系统的主要功能是提前帮助消费者解决购物的“后顾之忧”。

1）消费者在到达商场前可通过移动端了解商场最新的消息，包括商家优惠券、商家信息以及停车情况等。

2）消费者在到达商场后，可快速找到空闲的、离电梯口较近的车位。

3）帮助消费者在进入商场后提供高精度的室内定位并快速找到目的地店铺。

（2）购物中。消费者在购物活动过程中，智慧商场导览系统的主要功能是为消费者提供良好的购物体验和购物环境。

1）消费者可通过短信、微信等方式快捷连接至商场提供的无线网络。

2）在连接无线网络的过程中，系统自动推荐消费者关注商场微信公众号或小程序，并提供楼层导购、自助积分、积分兑换等相关服务。

3）在选择餐厅时，消费者可以通过线上预约手机取号的方式免除排队等待时间，并通过二维码扫码自助下单的方式优化体验。

4）智慧试衣间以用户画像和精准推荐算法为核心，为消费者推荐最展现个性的服装搭配，同时试衣镜能识别消费者拿进来的衣服并在镜子上显示衣服的颜色及型号，使得消费者无须脱衣即可完成衣服的试穿与选择。

（3）购物后。消费者在购物活动结束后，智慧商场导览系统的主要功能是为消费者提供最后一环的无忧服务。

1）消费者可快速实现地下停车场车位查询、自助缴费、无感支付离场，甚至反向寻车等功能。

2）消费者可快速解决咨询、投诉以及无忧退换货等问题。

在整个购物过程中，基于消费者端的智慧商场数智化场景应包括智慧导航、智慧停车、智慧定位、智慧导购、智慧试衣、智慧客服等（见表 11-1）。

表 11-1　基于消费者端的智慧商场数智化场景

智慧场景	场景内容
智慧导航	前往商场的路线引导；商场店铺及餐厅引导
智慧停车	快速找寻车位、反向寻车；无感支付离场
智慧定位	在室内环境中为消费者提供高精度的位置定位
智慧导购	根据用户画像和大数据算法推荐消费者喜爱的商品
智慧试衣	推荐个性穿搭，消费者无须脱衣即可完成衣服的试穿与选择
智慧客服	获得商家优惠券、商家信息及客流情况等；解决咨询、投诉问题以及无忧退换货

2. 基于商家供应端的数智化场景建设

智慧商场的数智化应用在商家供应端应从商家和商场管理者两个角度进行分析。

（1）从商家为消费者服务的角度出发，商家希望能够在满足消费者消费需求的同时通过利用互联网、大数据、人工智能等新一代信息技术尽可能地获得消费者的各类数据，以进一步了解分析消费者的潜在需求，从而实现差异化服务，具体包括引入商家的增值服务以丰富消费者的购物体验，如商场的婴儿车租赁，设立儿童托管中心，举办小型音乐会和临时艺术展览等。

（2）从商场管理者的角度出发，智慧商场的数智化应用场景可以分为内部管理和外部营销两个方面。在内部管理上，商场管理者一方面要做好对各商户的物业管理，通过对商场各区域设施设备进行实时监控和定期维护实现智能管理，自动调节商场室内湿度、温度并进行能耗管理；另一方面要做好各类危机应急预案，针对商场的突发状况做出快速的响应并进行人流疏导。在外部营销上，商场与消费者的关系可以延伸至购物前、购物后两个过程。在购物前，商场通过社交网络、官方软件应用等多种渠道向消费者推送商场各商家的最新咨讯以增强用户黏性。在购物后，通过向消费者发送电子邮件、短信等方式调查和回访消费者的体验和满意度，将消费者的意见及时反馈至各商家，并引导消费者进行积分兑换，以提高用户活跃度，促进用户数量增长。

基于商家供应端的智慧商场数智化场景包括智慧营销、智慧租赁、智慧物业、智慧应急等（见表 11-2）。

表 11-2 基于商家供应端的智慧商场数智化场景

智慧场景	场景内容
智慧营销	通过社交网络、官方软件应用等多种渠道向消费者推送商场各商户的最新咨讯
智慧租赁	商场婴儿车、轮椅等设备租赁
智慧物业	对区域设施设备进行实时监控和定期维护；自动调节商场室内湿度、温度
智慧应急	做好各类危机应急预案，针对商场的突发状况做出快速的响应

（三）智慧商场导览系统

基于数智化场景的建设内容，目前智慧商场导览系统包括：智能导视系统、VR 智慧商城、智慧停车管理系统、智能客流分析系统、智能导购系统等。

1. 智能导视系统

通过引入智能导视系统，实现商场数字化建设，为消费者提供更为便捷的购物体验。智能导视系统采用交互界面和整体场景设计，向消费者提供各类自助信息和相关服务，如信息查询、店铺导航、品牌导购、会员系统等个性化服务。

（1）信息查询。消费者可以通过导视屏幕查询商场商铺、楼层商铺分布、周边交通等信息。

（2）店铺导航。消费者可以通过放大或旋转商场视图，实时规划室内导航路线。消费者点击导视屏幕后可以生成到商场任一店铺的导航路线，还可通过移动终端扫码在移动端上实现实时导航，引导消费者快速抵达指定商铺，节省不必要的寻找时间。

（3）品牌导购。智能导视系统将商场各商铺按照楼层、类别、首字母等方式进行分类。消费者在点击品牌后会展示相应品牌的介绍和图片，了解到店铺所在楼层、位置等相关信息说明。同时智能导视系统将实时地规划导航路线，以电子地图为载体实现目的地店铺的导航，消费者根据路线指示可快速到达目的店铺。智能导视系统使商场室内导航信息传达变得更精准。

（4）会员系统。消费者可实时查询自己的会员信息，如购买记录、会员积分、车辆查询等。

2. VR 智慧商城

VR 智慧商城将线下大型商场的真实环境、店铺服务以及特色商品等内容搬到线上，在移动端实现 VR 实景展示，通过动态交互技术提高商场对消费者的吸引力。

（1）VR 实景导航。大型商场室内环境相对复杂，VR 实景导航通过自动识别楼层、店铺等场景，添加指示标、文字、语音等功能，构建了三维实景导航系统。可为消费者快速规划当前位置和目的地店铺之间的路线，帮助消费者节省时间，提升到店率。

（2）VR 实景逛店。VR 智慧商城改变了以往传统的购物模式，通过 1∶1 复刻线下商场实景，以 720° 全方位的 VR 漫游展示商场购物视角，并配置虚拟图标指引路线，快速到达每一个商品区域，为消费者提供全新的线上逛店体验。

（3）3D 商品交互。消费者在 VR 智慧商场逛店的过程中若有中意之物，可通过 3D 环物功能多维观看商品细节，配合商品参数即可对商品了如指掌；此外，还可以实现不同品类、型号、档次的 3D 商品全景对比，消费者可更加直观地挑选，解决了线下门店购物时无法同时对比多件备选商品的问题。

（4）真人讲解远程导购。无论是线下门店导购的介绍，还是现今流行的直播带货中主播的讲解，都说明了真人介绍带来的引导性在消费过程中的重要作用。VR 智慧商城中植入的真人讲解功能可以让消费者更加全面地了解商品属性，进而引发购物欲望。除此之外，智慧商城中还提供了 VR 会议远程带看功能，真人导购通过视频会议连线消费者，实时展示商品情况，给予消费者比 3D 商品交互更甚的“身临其境”购物体验，提升消费者线上购物的真实感，突破了物理距离和空间界限。

3. 智慧停车管理系统

智慧停车管理系统实现了车位查询、车辆引导、反向寻车、无感支付等功能，商场停车方便与否也是影响消费者满意度的重要内容。

（1）车位查询和车辆引导。实时查询商场停车场的空余车位，通过三维可视化地图与室内定位技术为消费者提供室内车位导航，提升消费者停车效率；通过对消费者推荐车位指引车辆停放在靠近电梯出入口的停车位，减少消费者下车步行时间以优化购物体验。

（2）反向寻车。消费者可以在移动端或商场导览电子屏上查询车辆停放信息，通过输入车牌号实现快速检索，并通过室内蓝牙定位技术规划出最方便、快捷的路线并进行实景导航，实现精准找车。

（3）无感支付。车辆离场前，消费者通过平台提前自主缴费，节省了排队时间，避免在购物离场的最后一个环节给消费者带去不满意的体验。目前，大部分停车场应用了线上提前缴费的方式，极大提升了车辆的离场效率。消费者拿起手机扫码输入车牌信息的支付过程仍可进一步优化，如通过在小程序或公众号上一次性完成车辆绑定开通无感支付服务，通过停车场进出口闸机车牌识别实现快捷支付，真正实现“一次签约、永不扫码”。

4. 智能客流分析系统

通过实时采集商场客流量，帮助商场管理者掌握商场实时人流数，提供安防预警、客流疏导等服务。

（1）实时热力图。通过商场内实时客流分析并生成商场各楼层的热力图，根据颜色深浅来了解客流的密集程度，了解商场各楼层顾客行动轨迹和停留时间等，便于管理者掌握商场实时动态，为运营决策提供数据支持。

（2）客流趋势统计。通过对每日、每周、每月的商场客流进行分析，通过与历史客流量的对比和分析，使管理者详细、直观地了解商场各时段的客流情况及变化趋势。

（3）消费者行为分析。根据消费者行为数据及消费数据等建立用户画像表，帮助商场了解不同性别、年龄消费者的消费行为及偏好，便于商场管理者及商家调整营销策略，实现精准的数据推送。

5. 智能导购系统

智能导购系统的具体功能包括商场地图展示、智能线路指引、商品数字化展示、商品广告展示、会员系统等。智能导购系统可帮助消费者了解楼层平面布局，根据商场业态将商铺进行分类，如餐饮、服装、休闲娱乐等，为消费者提供便捷、智能的导购方式。

（1）室内导航。消费者输入目标品牌后，该系统能够显示消费者所在实时位置到目标商铺的最近路线，实现图形化、动态化指引。同时，还可以让消费者迅速找到洗手间、楼梯、电梯等商场各类服务设施。实现最优路线规划和导航，减少消费者在商场寻路的时间，解决消费者无法快速、准确地到达商铺的问题。

（2）广告推送。消费者在移动终端上可以收到商场最新商品广告和促销活动，管理者及时收集并发布商场各店铺的各类商品信息，方便消费者了解和选择。消费者可自行点击感兴趣的广告进行了解，其行为数据将被记录，实现个性化推荐，使推荐内容更贴合消费者实际，以实现更为精准的广告推送服务，优化消费者的购物体验感。同时建立用户画像，通过收集消费者的各类消费数据，建立并完善用户画像，了解消费者的消费习惯与偏好，实现精准营销。

延伸阅读　上海新世界

上海新世界（见图 11-1）始创于 1915 年，是一家有着百年历史的中华老字号企业。新世界的总建筑面积达 21 万平方米，是集购物、娱乐、宾馆、餐饮、休闲于一体的现代化商城，主要经营国内外知名品牌。2019 年，新世界城实施了新一轮的“升级改造”，重点面向年轻客群和现代家庭。新世界引入了智能触控导视系统，助力商场打造数字化购物新模式，为消费者提供更为人性化、便捷的服务体验，更好地满足消费者的购物需求。

图 11-1　上海新世界

1. 商场店铺导购

消费者可以根据楼层、业态或首字母进行店铺筛选，点击商家品牌后会出现相应品牌的图片和介绍，并以电子地图为载体实时、精准地规划导航路线，消费者根据路线指示可快速到达目的地店铺。智能电子导览系统使导航信息传达得更便捷、更直观，为消费者带去了便利，降低了在商场中迷路的可能性。

2. 电子地图导视

商场采用 2D 电子地图（见图 11-2）显示每一楼层的店铺位置及名称，通过触摸点击进行操作，将商铺分布情况、品牌相关信息、公共服务设施位置等进行呈现和导览。消费者选定目的地后，系统将自动规划路径，消费者可通过清晰明了的室内地图查看从当前位置通往指定地点的路线，减少了不必要的寻路时间，使得室内地图导览功能变得更加高效和智能。

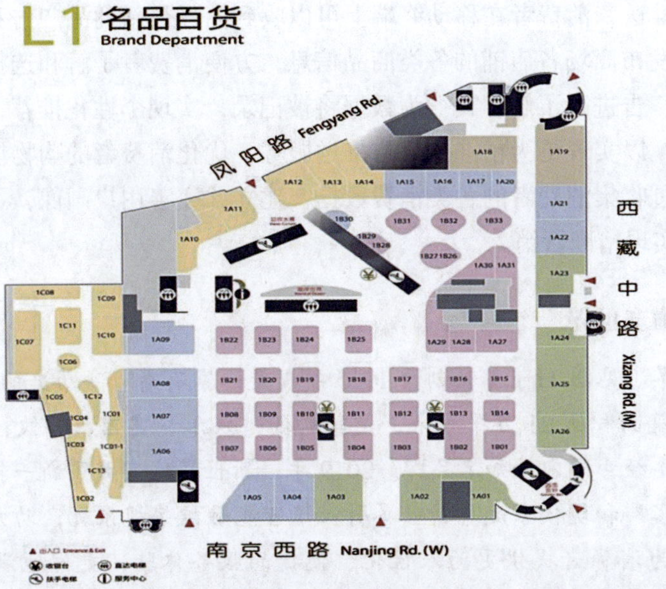

图 11-2 电子地图导视

3. 商场室内导航

消费者通过点击店铺选择导航，智能算法即可快速规划当前位置距离目的店铺的最近路线，导航路线可跨楼层指引，并支持自主选择电梯、扶梯等跨层方式。通过扫描屏幕的二维码，路线可跳转至手机终端，实现跨屏导航。

4. 广告信息发布

智能导视系统具有信息发布功能，根据不同的应用情景，分别实现各种信息展示、广告投放、多媒体信息播放等功能。当无人触摸屏幕时，主菜单将自动切换到商家宣传海报界面，滚动播放商家相关图片、视频等广告信息。各品牌店铺可借助该系统实现精准定位的营销传播服务，将品牌活动、促销打折、新品发布等信息通过触摸一体机方便、快捷地传递给消费者。消费者也可通过触摸屏查询商铺推广菜单，快速查询最新的商铺活动，从而提升商场整体营销收益与广告收益。

5. 餐饮美食服务

新世界将商场内餐饮店铺信息单独生成一个模块以满足消费者对餐饮方面的需求，实现所有餐饮品牌店铺的展示，并根据首字母和餐饮店铺类型进行筛选，消费者点击所选店铺即可查看品牌店铺详情。

6. 会员活动查询

消费者通过会员查询板块可以了解新世界的会员功能，进行查看会员权益、手机扫码注册会员、查询会员积分等操作，通过个性化的智能导视系统的功能，快速提高了商场的运营能力，增加与消费者之间的黏性。

7. 商场相关信息

通过触摸屏上的商场互动导购软件查询系统和网页搜索功能，可以满足消费者自助查看各种商场项目信息、周边交通、商场服务等便民咨讯以展现商场人性化服务。系统操作界面可进行中英文的切换，并将品牌信息以图文的形式展现，方便消费者更快速地了解商场各类信息。

思考与练习

1. 阐述智慧商场的发展历程。
2. 思考并分析智慧商场导览建设的主要内容。

任务十二 认知智慧导览在博物馆中的运用

任务内容

1. 了解博物馆的起源和发展及智慧博物馆的概念；
2. 熟悉数字化、智慧化手段在博物馆场景中的应用。

随着智能技术的不断发展，国家不断加大对文化体育类场馆设施的投入，并要求各级政府坚持打造精品，高标准规划、高质量建设、高品质配套、高效率运营，加快推进彰显城市特质、蕴含城市精神的重大文体设施建设，更好地满足人民日益增长的美好生活需要，为高质量全面实现小康社会提供有力支撑。智能化系统自然也成了现代智慧建筑中不可或缺的组成部分。以博物馆为例，智慧博物馆基于新一代信息技术不断创新业务、提升服务，建立了更加全面、深入的互联互通，给予游客更加自由、立体、深刻的游览体验。

一、智慧博物馆概述

（一）博物馆的起源与发展

1. 博物馆的起源

"博物馆"（Museum）一词在词源学上的词根来自希腊语的"Mouseion"，原义是圣殿。目前世界上公认最早的博物馆建于公元前 290 年前后，古埃及托勒密王朝在亚历山大里亚城创建了当时最大的学术和艺术中心——亚历山大博学园，其中设有专门收藏文化艺术珍品的缪斯神庙，被后世称为亚历山大博物馆，西方博物馆"Museum"一词即起源于该缪斯神庙。而在中国，"博物"一词最早出自《山海经》，在周、秦时期就出现了陈列文物的场所，如皇宫、祖庙和武库等，这可以看作中国博物馆的萌芽。

2. 西方博物馆的发展历程

西方博物馆的发展大致可以分为三个阶段。

第一阶段是 17 世纪到 18 世纪。早期博物馆的主要服务对象是皇室贵族或富商巨贾，主要功能是收藏和展示，不向民众开放，同时也不承担教育的功能，更不是公众活动的场所。直至 17 世纪 80 年代才出现世界上第一个具有近代博物馆特征的博物馆——阿什莫林艺术和考古博物馆。1682 年，英国贵族阿什莫林将其收藏的货币、徽章、服饰、艺术品、民族民俗文物和各种动植矿物标本全部捐献给牛津大学，建立了向学者和公众开放的阿什莫林艺术和考古博物馆。该博物馆是私人收藏向社会展览类型的博物馆，开创了近代博物馆的先河。

第二阶段是 19 世纪到 20 世纪。这一时期博物馆事业不断发展，逐渐成为大众文化机构。1793 年 7 月，法国政府决定将原法国王宫巴黎卢浮宫改建为共和国艺术博物馆，同年 8 月 10 日向公众开放。卢浮宫的开放标志着博物馆社会化时代的到来。在卢浮宫开放的带动下，之前仅供有限公众参观的许多大型博物馆也逐步开放，博物馆作为社会文化设施的基本功能得到政府及民众的广泛认可。1851 年，英国伦敦举办了万国博览会，此后频繁举办的世界博览会为博物馆发展创造了新的机遇。19 世纪中后期，美国大都会艺术博物馆等大型博物馆开始兴建，由 19 个博物馆组成的由美国政府资助的半官方性质的博物馆机构——史密森尼学会建立，博物馆事业自此进入了全面发展的历史时期。在社会不断发展的过程中，博物馆的服务对象、功能和理念都在不断变化。服务对象由最初的贵族逐渐开放到普通大众，其功能也不仅仅是展示之用，逐渐开始承担社会教育、文化传播的责任。

第三阶段是 20 世纪中叶以后。随着科学技术的全面发展，欧美博物馆的收藏从艺术品、远方的珍稀品不断扩展到自然历史、技术和工业史、地方历史文化等。随着教育功能的凸显和发挥，博物馆开始被视为能够促进社会、经济和政治发展的机构。这使人们不得不重新思考博物馆与社区之间的关系。例如，借助展品以外的教育方式完善博物馆的信息传达功能，丰富其教育性，由此激发了智慧博物馆的概念。

3. 我国博物馆的发展历程

中国近代博物馆的出现是在中国社会逐步近代化的过程中产生的。1848 年，西方的博物馆作为一种新事物开始被介绍到中国，当时国人对博物馆的认识尚处于起步阶段，对博物馆的定义也较为模糊和笼统。戊戌变法后至辛亥革命时期，一批先进的知识分子高度关注博物馆的教育功能，特别注重博物馆辅助格致实学和科学技术教育、推进新式教育发展进步的重要作用，进而提倡在中国创设博物馆。1905 年，中国近代实业家、教育家张謇，在南通创建了我国第一个公共博物馆——南通博物苑。这是我国历史上第一个真正意义上的近代博物馆。

辛亥革命以后，由于各种先进的社会教育思潮得以引进和广泛传播，博物馆辅助学校教育的功能获得认同，其社会教育功能也得到了先进知识分子普遍的重视，博物馆被视为增长知识的工具，其推进格致实学的教育功能亦被强调。这一时期博物馆逐渐脱离了之前的以理化器械、动植物标本和矿物化石为主要陈列物品的展现形式，转而演变为以陈列本民族之服饰、古器、甲骨、石刻、经卷等古物为主的展现形式，博物馆成了激励民族认同感，培养爱国主义、民族主义的场所，承担着启发国民民族认同的教育使命。

1911 年辛亥革命以后，中国博物馆事业得到了初步的发展。1912 年 7 月蔡元培先生倡导成立“国立历史博物馆筹备处”，鲁迅先生建议勘选国子监为馆址，中国的博物馆事业由此开始起步。1918 年 7 月，筹备处迁址到故宫的端门与午门，1926 年 10 月定名为“国立历史博物馆”，正式对外开放。1925 年 10 月，明、清两代的皇宫向社会开放，建成了举世闻名的故宫博物院。故宫博物院的成立是民主革命的一个胜利，也是我国博物馆发展史上的一件大事。1937 年抗日战争的全面爆发，使得我国博物馆事业遭到巨大损失，直至 1949 年中华人民共和国成立前夕，我国的博物馆事业已处于十分困难的半停顿状态。

中华人民共和国成立后，博物馆事业获得了新生，随着社会主义革命和建设的发展，博物馆事业也不断得到发展。1956 年 4 月，全国博物馆工作会议在北京召开，会议明确提出博物馆的基本性质是“科学研究机构”“文化教育机构”“物质文化和精神文化遗存以及自然标本的收藏机构”，规定了博物馆的三大职能即文物收藏、科学研究、陈列展览（宣传教育）。随着改革开放的深入发展，我国博物馆事业出现了繁荣发展的新局面，博物馆建设具备了一定的规模并形成了比较完整的体系。博物馆已经成为大众文化生活中不可或缺的重要内容，行业博物馆、专题博物馆、智慧博物馆等新型博物馆悄然兴起。

从 20 世纪 70 年代末开始，我国开始了博物馆的信息化建设，90 年代末开始了博物馆的数字化建设。在智慧博物馆建设方面起步较晚，直到 2014 年，国家文物局正式展开了智慧博物馆建设的试点工作。2016 年年底国家文物局等五部委联合发布了《“互联网 + 中华文明”三年行动计划》，颁布了一系列推动智慧博物馆建设的政策文件。2017 年 2 月发布实施的《国家文物事业发展“十三五”规划》，确定在全国范围内启动智慧博物馆建设工程。2021 年 11 月，国务院办公厅印发的《“十四五”文物保护和科技创新规划》强调激发博物馆创新活力，提升博物馆发展质量。

（二）智慧博物馆发展现状

博物馆作为人类文明和社会文化传播的重要载体，拥有无法替代的文化影响力和文化资源优势，是地方文化、城市记忆的重要展示窗口。如今，“走进博物馆”已经成为一种全新的生活方式和社会风尚，越来越多的公众愿意走进博物馆感受文化的力量。因此近年来，我国博物馆体系布局不断优化，据相关数据统计，截至 2021 年底，全国共有国有可移动文物 1.08 亿件（套）、不可移动文物 76.7 万处、全国重点文物保护单位 5 058 处，备案博物馆 6 183 家。博物馆参观人次也在逐年增长，2021 年全国博物馆举办展览 3.6 万个，教育活动 32.3 万场。策划推出 3 000 余个线上展览、1 万余场线上教育活动，网络总浏览量超过 41 亿人次。虽受疫情影响，全国博物馆仍接待观众 7.79 亿人次。这些数据表明了博物馆已经成为公众文化教育和旅游休闲的重要场所，博物馆的公共文化服务属性发挥着越来越重要的作用，因此职能也从原先的由“物”向“人”、由“收藏中心”向展示、教育和公共文化服务转变，逐渐发展成为集教育、展示、休闲、研究等功能为一体的综合性文化服务机构。与此同时，公众对于博物馆参观、学习需求的增加也对博物馆的空间展示和文化传播功能提出了更高的要求。

近年来，博物馆内各种新技术的应用发展极为迅速。大数据、云计算、人工智能等技术的普及，实现了博物馆数字信息的动态感知，尤其是数字化、网络化、虚拟化的智慧化升级，极大地增强了博物馆的表现力，拓展了博物馆文物展示的时空范围。例如，数字化过程中对文物资源进行采集、加工、传播与展示，让文物“活起来”，让游客深入感受跨越时空的文物魅力，满足游客在情感共鸣、情境体验等精神层面的需求，不仅对文物展品进行了更为有效的展示，更给游客创造了一个有趣生动的场景环境，实现了博物馆的智慧化建设。

（三）智慧博物馆的概念

智慧博物馆是指以各种新技术手段为支撑，构建“物、人、数据”三者间的数据融合共享、信息交互与智慧运用，营造以“人”为中心的信息传递模式，实现线上线下相结合的新型博物馆发展模式。智慧博物馆丰富了博物馆的展览形式，提升了展示、管理、服务等各方面的能力，实现了博物馆的智慧保护、智慧管理和智慧服务，为公众带来了便利和全新的博物馆体验。

智慧博物馆是在传统博物馆、数字博物馆的基础上，与新型信息技术相结合的产物，是博物馆发展的新阶段。数字博物馆是智慧博物馆建设的数字信息基础。数字博物馆起源于 20 世纪 90 年代的美国，又称“博物馆信息化”“博物馆数字化”“数字化博物馆”，是指以数字形式对可移动文物和不可移动文物的各方面信息进行收集、管理、展示和处理，并通过互联网为用户提供数字化的展示、教育和研究等各种服务的机构。博物馆开始利用数字技术来保存文物，并通过大数据、云计算、人工智能等技术，让“人”与“物”通过数字信息实现动态感知，并进一步优化了智能化管理和文物保护。数字博物馆通过信息收集、管理展示和处理为智慧博物馆系统提供基础运行的数据。数字博物馆可以看作传统博物馆与信息技术第一次结合的产物，而智慧博物馆则是继数字博物馆后再次与高新信息技术深度融合的产物，是博物馆与时俱进的体现。

二、博物馆智慧导览

（一）博物馆智慧导览的概念

博物馆智慧导览是以大数据、云计算、人工智能等技术为基础，通过建立智慧导览系统，让游客需求与博物馆智慧化管理平台对接，为游客提供资讯服务、语音导览解说服务、导航位置服务和文化增值服务等多样化的综合服务，从而为游客提供全方位、多终端的数字化服务。诸多新技术在博物馆导览上的运用，丰富了游客的观展方式和观展体验，博物馆导览系统由以往的单项传输型和内容导览型系统转变为双向互动型和参观规划型智慧导览系统。

（二）博物馆智慧导览的发展

博物馆的智慧导览经历了传统导览媒介（纸质导览、人工导览、无线电子语音导览），到博物馆数字导览媒介（互联网导览媒介、移动互联网导览媒介），再到数字智能导览媒介（智能机器人导览媒介）的发展过程。随着移动互联网以及智能技术的发展，博物馆导览朝着更加数字化、智能化的方向发展，智慧导览的优势也越来越凸显。博物馆智慧导览系统可分为展品讲解、馆内导航、游览路线推荐、游客定位和广告推送等功能，能够使游客快速了解博物馆展馆和展品信息，为其提供高质量、高效率的旅游服务。

以智能手机、平板电脑为载体的移动端导览系统取代了传统的讲解方式，并实现了以游客真实游览场景为导向的智慧导览模式，使游客以更便捷、舒适的方式在博物馆中进行参观和获取文化知识，为游客提供沉浸式解说体验。首先，视觉上能够使游客看得更为清晰、全面，以往展品只能看到其正面和侧面，背面、顶部和底部等角度都难以观赏，而智慧导览系统中的详细介绍可以看到展品的多角度图片，以及视频介绍、VR全景图等，让游客能看得清展品的每一处细节。其次，听觉上能使游客听得更为清楚、精准，博物馆传统讲解方式是由讲解员随队进行讲解，讲解听众范围收到局限，外围的游客离得远难以听清，智慧导览系统的展品介绍游客可自行选择观看文字介绍或扫码听语音讲解，每位游客都可以得到相对于自身而言一对一的语音讲解服务。相比以往，游客不需要再租借电子讲解器，也无须预约讲解员，只需要使用手机打开博物馆的智慧导览系统，就可以随时随地享受智慧导游服务，更加全面地了解展品，获取沉浸式的讲解服务。

（三）博物馆智慧导览服务

博物馆智慧导览服务是指以物联网、云计算等技术为支撑，以虚拟展览、数字导览等方式加强博物馆和游客之间互动的新型服务。相较传统的博物馆服务，智慧导览服务更加人性化，借助移动终端及互联网等促进线上线下深度融合，通过多样的展览互动形式，提升游客和博物馆之间的交互性，引导游客获得良好的观展体验，并且打破了观展的时间和空间限制。

如在智慧服务导览方面，山西晋祠博物馆开展了“晋祠虚拟世界探索之旅”全3D交互型VR数字体验展览，观众通过穿戴体感互动装置，身临其境领略晋祠古建筑魅力，还可以同虚拟导游进行密切互动。在智慧服务教育方面，成都文物信息中心推出了“青青锦点”青少年互动教育平台，与博物馆合作开设了精品文物、传统人文风俗、历史事件等各种数字交互功能模块，通过图片、漫画、游戏、增强现实（AR）等方式让青少年获得生动趣味的深度互动体验。

1. 传统导览向数字化导览演变

博物馆导览中的“导览”一词被定义为博学的“引导者”，是指引游客参观展品或获取公众服务的一种辅助方式，既包括博物馆讲解人员（讲解员、志愿者、专家团队），也包括博物馆的各种导览设备（宣传册、指示牌、讲解器、智能导览系统）。

迄今发现最早的导览形态是公元前530年的圆柱形泥墩，三面都有文字。文字解说是呈现最早的导览方式。人工语音解说导览的出现也很早，但最初只为王公贵族提供服务。而随着信息技术的发展，且人工讲解能提供服务的数量有限，导览解说也出现了多种新的形式，电子导览器应运而生。

第一代语音导览器是将事先录好的讲解词通过播放机进行播放。随着时代的发展，语音导览的载体不断演化，从最先的磁带式录音机，再到便携式CD随身听，随后又陆续出现了以 mp3、mp4 为载体的语音导览设施。同时，计算机技术的发展为游客带来了各种形态的数字化导览，如屏幕显示器、触摸屏导览器、多媒体展示等。随着智能手机的普及和信息技术的发展，手机软件、小程序、公众号等导览方式也受到了人们的追捧，让在线导览、云导览成为可能，语音导览变得更为便捷和智能。

初始阶段的数字化导览可以视为简单的多媒体数字化，即将展品的文字和图片以电子显示屏为媒介进行展示，参观者可以通过电子显示屏查询、浏览关于博物馆各展馆及展品的相关内容；随后出现了以二维码为介质的自助导览方式，通过智能手机扫一扫功能即可实现自助导览。最初的数字化导览仍未摆脱博物馆场馆在空间和时间上的限制，且无法与参观者做到交互，只能单方面地输送信息，缺乏互动和情感交流。第二阶段的数字化导览开始朝着交互方向发展，参观者可以对触摸屏进行基本的操作和互动。如苏州博物馆的电子触摸屏通过生动有趣的手绘动画吸引参观者兴趣，并通过图文点击引导参观者进行互动。

不同导览方式的对比如表 12-1 所示。

表 12-1　不同导览方式的对比

导览方式	优势	可能存在的问题
人工语音导览	1. 人工讲解易于情感传达 2. 游客可实时互动	1. 讲解员水平不一 2. 参观路线固定且单一
点播式导览器	1. 自主参观 2. 可重复收听	1. 没有图文 2. 须自行办理租借退还手续
“文博任我行”	1. 自主参观 2. 图文并茂 3. 可重复收听	须自行办理租借退还手续
二维码导览	1. 自主参观 2. 图文并茂 3. 可重复收听 4. 操作方便 5. 无须专人管理	1. 馆内信号较弱 2. 须重复扫描不同文物二维码 3. 不便于青少年和老人使用
智慧导览	1. 自主参观 2. 图文并茂 3. 打破时空限制，随时随地享受讲解服务 4. 基于实时定位提供查询服务 5. 为游客提供全方位旅游服务	1. 对智能手机版本要求较高 2. 不便于青少年和老人使用

2. 多媒体终端向移动终端演变

随着移动时代的发展，以智能手机、平板电脑为载体的移动终端已经成为人们生活的重要部分。博物馆也开始进入移动端导览服务的时代，移动端导览成为大众和博物馆的第一选择。以移动终端为媒介的博物馆导览应用，通过利用相关技术可以让参观者在任何地方、任何时间都能享受高质量、高趣味的导览内容，打破了时间和空间上的限制，并且使用起来更加方便快捷，同时移动终端导览在功能需求上更加全面，在互动展示上更加多样。

博物馆场所中的多媒体终端设备拥有多种展示技术，如多媒体音频技术、投影沙盘、互动橱窗、全息投影、幻影成像等，以图片、文字、声音、视频等多种形式提升人机互动体验。如利用多媒体音频技术进行历史情景再现，达到身临其境的体验效果，从而激发参观者的情感共鸣；通过多媒体互动游戏增强参观者学习的兴趣，有效实现参观者与展品历史文化之间的情感交流。

博物馆导览应用或小程序就是一种移动终端导览，用户在智能手机上下载博物馆导览应用便可以享受门票预约、展讯查询、室内导航、文物介绍等服务功能。早期的手机导览应用主要展示简单的博物馆地图和展览信息，能够有效减轻讲解人员的工作强度。中国国家博物馆在 2012 年首次提供了手机导览服务。随着信息技术的发展，室内 Wi-Fi、蓝牙等技术的成熟为移动终端导览提供了室内定位技术支撑，图像识别、增强现实、二维码识别等新技术进一步增强了移动终端导览功能。例如，“山西博物院”公众号中线上展览板块，通过 VR 技术实现了展馆全景导览（见图 12-1），将博物院中各展馆的 360°全景导览、电子书、数字展览应用、语音导览等“搬”到线上，以满足观众不同需求，增强参观者的参与感和沉浸感；“故宫博物院”小程序中“V 故宫”（见图 12-2）板块将养心殿等建筑通过三维数据可视化，参观者可佩戴 VR 眼镜进行沉浸式欣赏，“走进”养心殿，实现身临其境 360 度真实漫游体验，并通过点击问答实现趣味知识互动。

图 12-1　山西博物馆展馆 VR 全景图

图 12-2　V 故宫界面

延伸阅读 中国国家博物馆

从2010年开始，国家博物馆率先在全国博物馆行业内使用智能手机作为导览终端，并开发了手机导览系统。最初的手机导览版本是基于安卓系统的PAD导览软件——“文博任我行”本地版，随后开发了网络版的“文博任我行”，可供游客通过手机或导览机自助享受国家博物馆文物讲解服务。受当时手机网络带宽和流量等条件的限制，该软件并未得到广泛应用。随着无线通信网络的快速发展，手机上网速度大幅提升，流量资费降低，2017年国家博物馆开始升级并推广智慧导览App手机软件，推出了移动端的导览系统，并根据发展需求不断进行升级换代。“国家博物馆”App的主要功能板块分为：首页、展览、导览、藏品和“我的”。在此软件上可预约门票、查看博物馆展览信息、查看馆藏珍品、了解藏品信息，方便游客提前熟悉了解博物馆展厅的陈列，为参观者现场参观或线上云观展提供了综合服务。

1. 参观预约

在国家博物馆首页中游客可提前进行参观预约（见图12-3），参观预约界面中列有详细的开放时间、预约方式、地理交通、入馆路线等。游客可根据自身时间安排进行错峰参观，还可以通过该界面跳转到外部地图导航应用软件进行导航，实现准确定位。

图12-3 国家博物馆参观预约界面

2. 展览推荐

国家博物馆首页有展馆内的专题展览、基本陈列和临时展览等不同专题，游客可以自行点击感兴趣的展览进行了解。在此板块中，游客可以查询展览所在楼层位置、了解相关展品、展厅实景和留言分享等，其中部分展览中还配有专门的语音讲解和文字介绍，可以让游客更加清晰、直观地了解展览具体内容。

3. 路线推荐

游客在国家博物馆首页中可以快捷找到路线推荐，可根据游玩时长自行选择参观路线。国家博物馆根据参观时长，将路线推荐分为“一小时展览”“二小时展览”“半日展览”推荐和自定义路线，其中二小时展览和半日展览有多条推荐路线，在满足游客看展时间需求的同时为其提供一定的自主选择权。在推荐路线界面（见图 12-4），软件会动态演示推荐引导路线，便于游客在偌大的展厅顺畅、无遗漏地进行全面的参观游览。

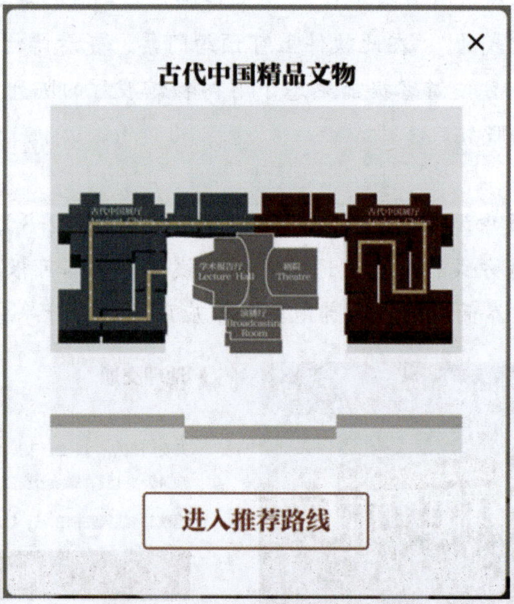

图 12-4　国家博物馆路线推荐界面

4. 国博导览

国家博物馆的导览内容包括展览讲解、餐饮服务、文创产品、咨询服务、卫生间、母婴室等。其中展览讲解包括人工讲解、导览器租赁、语音讲解、输入作品编码查询文字介绍等，参观者点击目标专题展厅，系统可以自动为游客导航到目的地展厅。

在国家博物馆基本陈列“古代中国”展厅语音讲解中，为满足不同年龄段观众的参观需求，分别有儿童版、青少年版、2 小时版和 6 小时版 4 个语音导览版本（见图 12-5）。儿童版语音导览精选 15 组珍贵文物，以妈妈和孩子对话的形式展开介绍，用充满童趣的方式解读文物，拉近孩子们和文物的距离，带领孩子感受中华 5 000 年的灿烂文明。青少年版导览根据青少年的年龄特征和知识结构编写，以王朝更替为主要脉络，选取最具时代特色的若干代表性文物串联起中华文明发展的历史进程，激发青少年的兴趣点，引发其思考。2 小时版导览以较短的时间带领游客速览古代中国的文物，精选近 200 件（套）文物藏品，来一次对中国历史的“急速精准”畅游。6 小时版导览遴选 400 多件（套）文物，以多维的线索、丰富的内容阐释了璀璨的中华文明，带领游客“漫步”古代中国，细品中华 5 000 年文明发展的每一段璀璨历程。

图 12-5 国家博物馆基本导览界面（部分）

5. 透明 OLED 显示屏

国家博物馆在“积厚流广——国家博物馆考古成果展”中应用了透明 OLED 显示屏（见图 12-6），将其直接覆盖在文物展示柜的保护玻璃上。游客可以通过透明显示屏看到展品的相关说明，并通过点击屏幕上的交互信息进一步了解该文物的制作过程、出土地点等更多信息。该透明 OLED 显示屏拥有 2K 级别的分辨率，不仅能显示展品基本的文字介绍和图像，还可以通过 3D 模型的形式为游客进行动态的遗迹模型展示，除此之外还支持播放相关的宣传片视频影像为游客展现更加全面生动的历史故事。透明 OLED 显示屏为游客带来了全新的人机互动和场景体验，游客只需滑动手指，便可自主选择想要了解的内容，近距离 360 度观察文物每一处细节，加强文物与游客之间的互动体验，让文物真正“活”起来。

图 12-6 透明 OLED 显示屏

（四）博物馆智慧保护和管理

博物馆智慧保护是指藏品保存环境下的预防性保护，主要利用无损检测技术和智能感知技术，对博物馆文物进行全面分析和智能化的数据分析处理。智慧保护不仅要感知馆藏环境，还需要对文物本体进行精准检测、修复研究等。例如，2010 年上海世博会时，博物馆中陈列了来自海内外的 300 多件（套）文物珍品，通过无线传感网络技术，对文物保存的微环境进行远程、实时监控，保证了参展文物保存环境的安全稳定。以物联网为代表的相关技术做到了对实体的智能化识别、定位、跟踪、监控和管理，以高效智能的方式提高了馆藏文物的预防性保护能力和水平。例如，敦煌莫高窟主要通过物联网传感技术对洞窟各种环境及数据进行全面收集和监测，并通过深入分析相关数据，为预防控制风险和洞窟保护提供了可靠保障。在文物修复方面，传统的修复模式中修复经验和过程无法实现共享，上海博物馆就此构建了文物保护修复管理系统，用图片资料等全面记录了文物修复过程，有利于实现文物修复共享，也可以让游客了解到文物修复的相关过程。

博物馆智慧管理是指利用智能控制技术对藏品信息、业务运营数据等博物馆资源和工作机制进行智慧化管理，使管理工作更为智能、高效。在藏品资源管理上，从文物入库开始，对藏品的信息录入、全程保管及临时流动等工作进行全面监管，通过文物的定位和识别、藏品进出库智能感知、日常智能巡视等技术手段，避免文物藏品的安全问题。在日常管理上，将博物馆参观人数、文创产品销售、讲解预约等相关业务服务数据及日常展览所涉及的文档、影像资料等数据进行结构化处理，并将其集成在系统中，为文物馆藏、日常管理等提供科学可靠的依据。例如，南京博物院研发了特展运营数据检测系统，提供物联网技术感知人、物、环境等相关数据，并全面集成博物馆的票务数据、展厅实时数据、博物馆观众参观数据、文创销售数据等，并通过可视化手段对博物馆运营情况进行全方位展示，为其智慧管理提供可靠的数据支撑。

麦扑小鹿导游语音导览——浙江革命烈士纪念馆　案例应用

麦扑导览 - 浙江革命烈士纪念馆地图展示如图 12-7 所示。

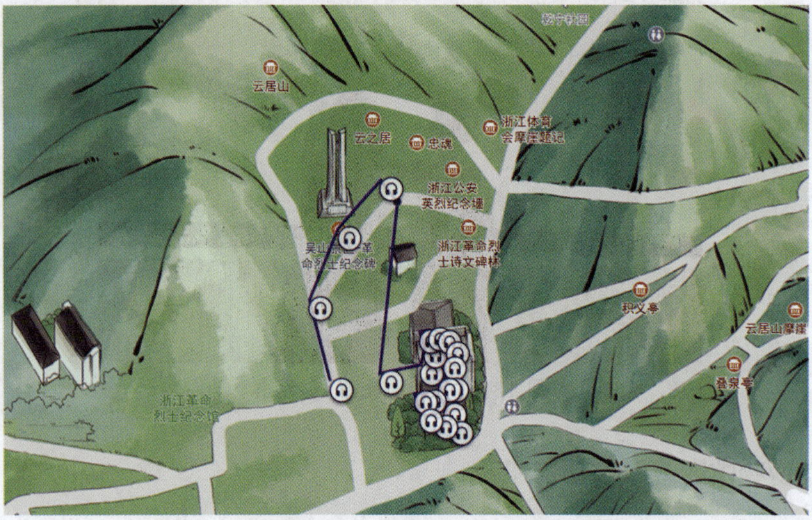

图 12-7　麦扑导览 - 浙江革命烈士纪念馆地图展示

各位游客朋友们，大家好，欢迎大家来到浙江革命烈士纪念馆。纪念馆位于杭州西子湖畔的云居山上，北连吴山天风，南邻万松书院，东眺钱江浩荡，西瞰湖光山色。为了缅怀先烈，激励后人，1985年中共浙江省委、省政府做出决定建造本馆。1987年12月浙江革命烈士纪念碑奠基，1990年3月落成，1991年9月浙江革命烈士纪念馆主馆建成并对外开放。为了更好地宣传烈士事迹，弘扬烈士精神，浙江革命烈士纪念馆主馆主体建筑进行了改扩建，2011年9月工程竣工，2012年4月正式对外开放。

纵览馆区，地域广阔，占地面积达7万多平方米，共有烈士纪念馆、烈士纪念碑、大型铜浮雕壁、大型花岗岩群雕、纪念广场、上山甬道、上山车行道、停车场、园林小品等20多个建筑项目。馆区散点分布的浙江革命烈士诗文碑林，共有碑石60余通，这是烈士的精神品德、理想志趣与书法艺术的合璧，其英雄风范与湖光山色交相辉映。馆区采用江南园林式布局，这里不仅是爱国主义的教育基地，也是一处景致优美的旅游休闲胜地。甬道两旁，松柏仪卫，葱翠香樟，漫山华盖，园林小品，掩映其间。春夏，杜鹃烂漫，玉兰如雪；秋冬，桂香四溢，霜叶红遍。

浙江革命烈士纪念馆自开馆以来已接待社会各界游客上百万人次，取得了良好的社会效益，先后被国家民政部、浙江省、杭州市授予爱国主义教育基地，浙江省党员教育培训基地，浙江省党史教育基地，1992年6月被国务院列为全国重点烈士纪念建筑物保护单位。

1. 烈士纪念碑及铜浮雕壁

现在我们来到的是烈士纪念碑及铜浮雕壁。烈士纪念碑（见图12-8）高27米，碑身系汉白玉贴面，线条简洁、庄严挺拔，呈风帆状，象征浙江革命斗争如“钱江潮”中的航船，在中国共产党领导下，乘风破浪，奋勇前进。碑座采用黑色花岗石贴面；顶面和前面上方，用枣红色花岗石贴面，象征革命烈士的鲜血洒遍祖国大地；碑正面镶嵌着陈云的题词“革命烈士永垂不朽”。

图12-8 烈士纪念碑

铜浮雕壁（见图12-9）环绕纪念碑的东西两侧和北面，长82米，高4.5米，蜿蜒曲折，寓意钱江潮水，反映百年来先烈们英勇奋斗的历史。在浅灰色花岗石饰面上镶嵌了紫铜板锻轧的浙江自辛亥革命以来各历史时期革命先烈英勇斗争的群像。

图 12-9 铜浮雕壁

2. 烈士英名纪念碑

烈士英名纪念碑白花岗石饰面上镶嵌着紫铜材料雕刻的烈士英名，全长 67 米，高度 0.5 至 1.6 米不等。它位于烈士纪念碑东西两侧，2009 年 10 月由浙江省人民政府敬立。碑体美观大方，高低错落有致，富有动感。烈士英名碑镌刻了自辛亥革命时期以来至 2009 年 10 月中华人民共和国成立 60 周年期间牺牲的 2 万名浙江革命烈士的英名。烈士英名按烈士籍贯或户籍所在地的行政区划进行排列，先后为杭州市、宁波市、温州市、湖州市、嘉兴市、绍兴市、金华市、衢州市、舟山市、台州市、丽水市、外省籍，在同一地区按烈士牺牲时间的先后进行排列。

3. 纪念馆主馆

纪念馆主馆雄踞纪念碑东南侧，巍峨壮观。其建筑面积达 5 290 平方米，是浙江省规模最大的烈士纪念建筑，馆内设序厅、基本陈列厅、尾厅、临时展厅、红色影像馆、报告厅、烈士资料室、服务中心等，陈列了自辛亥革命以来至社会主义建设时期近 350 位革命烈士的斗争史迹。通过 1 000 余幅照片和 400 多件革命文物将历史背景与具体人物联系起来。展厅内采用雕塑、沙盘、油画等表现手段，以及运用电影、录像等形式，力求全方位、多层次表现革命烈士斗争的史实，对群众进行生动、直观的革命传统教育。

思考与练习

1. 阐述博物馆智慧导览发展历程。
2. 思考和分析博物馆导览建设现状。

项目四

智慧导览技术运用

项目概述

随着科技的进步和旅游业的稳步发展，全民旅游的时代已经拉开帷幕。传统的跟团式旅游已经无法满足游客日益增长的旅游需求，这迫使旅游企业不得不做出改变。随着全域旅游理念的提出，我国旅游行业的发展有了新方向，旅游业将会向更智能、更便捷、更全面的旅游形式发展，以满足游客更多的需求，同时在线导览技术也成为新的热点话题。

本项目从智慧旅游、全域旅游的角度出发，深入探究在线导览技术的开发与应用。希望通过对新技术的梳理，能够对智慧导览技术的开发与运用有更加深入的了解。

知识目标

1. 了解物联网、云计算、大数据、人工智能及虚拟现实技术的概念；
2. 熟悉智慧导览领域相关核心技术；
3. 掌握智慧导览技术在导览服务中的运用。

技能目标

1. 能够在智慧导览实际场景中识别相关技术的应用，评价技术实施效果；
2. 能够分析相关技术在智慧导览中的应用切入点；
3. 能够将智慧导览技术思维融入导览产品策划营销体系，分析智慧导览解决方案。

素养目标

1. 具有团队意识和责任感，能够协作完成任务，主动承担任务；
2. 理论结合实践，具有在智慧导览技术场景下独立分析问题和解决问题的能力；
3. 深入了解国内技术发展现状与前景，树立正确看待技术发展的价值观。

任务十三 认知物联网与智慧导览

任务内容

1. 了解物联网的基本概念；
2. 熟悉物联网体系架构及核心技术；
3. 掌握物联网技术在智慧导览中的运用。

一、物联网的概念

1998 年，美国麻省理工学院（MIT）第一次提出了“物联网”的构想，其把 RFID 技术与传感器技术应用于日常物品中，从而形成了一个简单的“物联网”系统。随着物联网技术的快速发展，现在我们所说的物联网已经不是简单的几个日常物品之间的连接，在日常生活的“吃”“穿”“住”“行”“娱”等方方面面中都有物联网的身影。例如，我们戴的智能手表和手环、扫地机器人、无人驾驶、自动泊车、共享单车等都应用了物联网技术。

物联网是利用射频识别、红外感应器、全球定位系统、激光扫描器、气体感应器等信息传感设备，按约定的协议，将任何物品与互联网连接起来进行信息交换和通信，以实现智能化识别、定位、跟踪、监控和管理的一种网络。

物联网将互联网时代人与人之间的信息沟通扩大到了人与人、人与物、物与物之间的信息处理和交流互动。物联网环境下的智能服务系统使物与物、人与物之间能够以新的方式进行主动的协同交互，从而构建一张物理世界内万物互联的智能协同网络，全面改变了人们的生活方式。

二、物联网体系架构及核心技术

（一）物联网体系架构

物联网体系结构主要由三个层次组成：感知层、网络层和应用层（见图 13-1）。感知层是物联网的核心，主要用于信息采集，如利用 RFID、传感器等可以随时随地采集物体动态信息。网络层利用无线和有线网络将感知的各种信息进行实时传输，便于随时使用。广泛覆盖的移动通信网络是实现物联网的基础设施。应用层提供丰富的基于物联网的应用，将物联网技术与行业信息化需求相结合，实现广泛智能化应用的解决方案，如通过云计算平台及时对海量信息数据进行处理，实现对物理世界的实时控制、精确管理和科学决策。

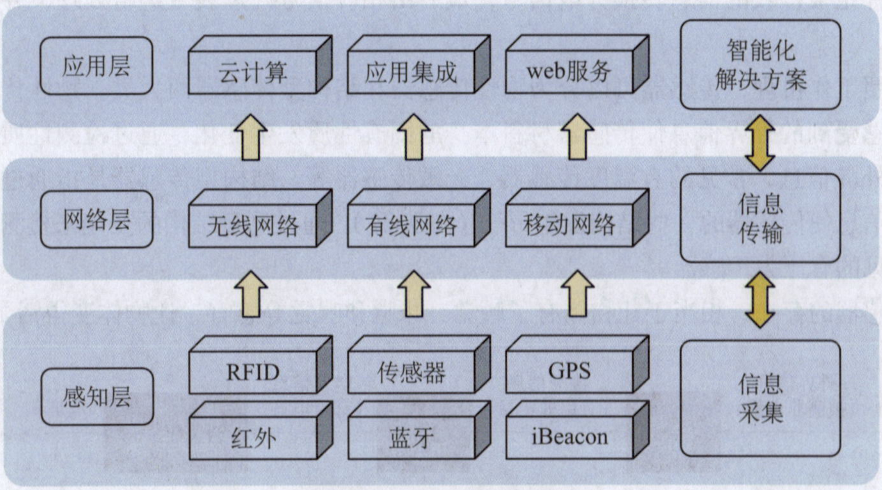

图 13–1　物联网体系架构

（二）物联网核心技术

物联网核心技术包括以下几类：

1. 射频识别技术

射频识别（RFID）技术是一种通信技术，可通过无线电信号识别特定目标并读写相关数据，而无须识别系统与特定目标之间建立机械或光学接触。RFID 系统由三部分组成：阅读器、标签、计算机应用系统（见图 13–2）。其工作原理为：标签在进入阅读器的无线磁场范围后，会接收到阅读器发射出的特定频率的无线电波能量，此时，标签会将自己内部存储的数据发送到阅读器，阅读器接收到数据后，将数据送到计算机应用系统做相应的处理。

例如，采用 RFID 技术的非接触式 IC 卡，可以通过读卡器读取 IC 卡信息，并将读取的信息传到计算机系统实现信息的认证。在这个过程中 IC 卡就相当于 RFID 系统中的标签，读卡器就相当于 RFID 系统中的阅读器。

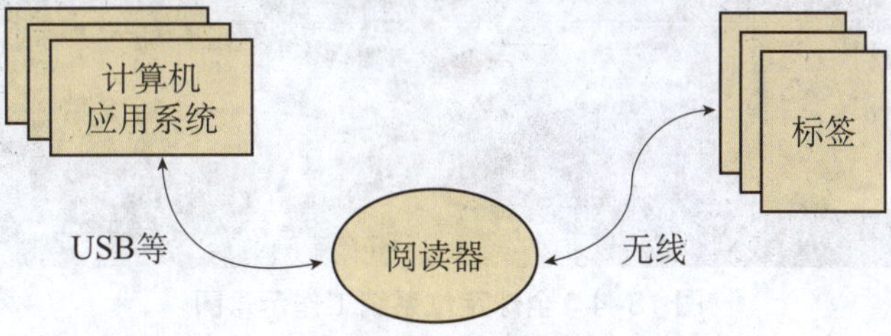

图 13–2　RFID 组成

2. 传感器技术

传感器是一种能感受到外界信息（力、热、声、光、磁、气体、湿度等），并且按照一定规律将刚收到的信息转换成电信号的装置。传感器是物联网中获得信息的主要设备，一般由敏感元件和转换元件组成（见图 13-3），利用敏感元件感受外界信息，然后利用转换元件把被接收的信息转换为电信号，最后由相应信号处理装置进行处理，并产生响应动作。

按照工作机理，传感器可以分为物性传感器和结构型传感器两大类。物性传感器是指通过感受到的外界信息使传感器材料本身的固有性质发生变化，通过检测性质的变化来检测外界信息，常见的有温度传感器、光敏传感器等。结构型传感器是指通过感受到的外界信息使传感器的一些结构发生形变（如弹簧）、通过测量结构的变化来检测外界信息，常见的有压力传感器。

传感器的存在，相当于让物体有了触觉、味觉和嗅觉等感官，让物体变得活了起来。

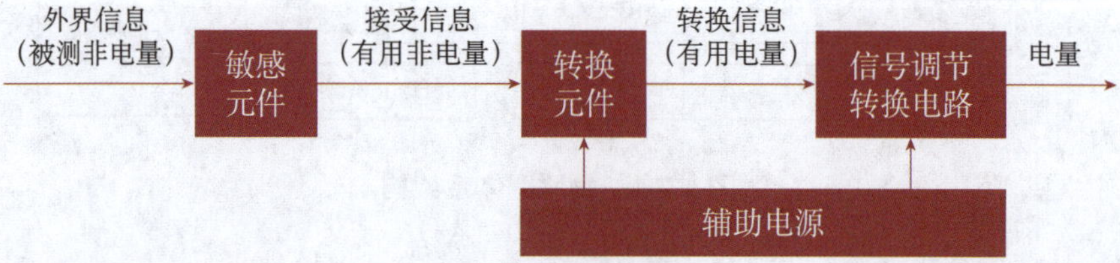

图 13-3　传感器组成

3. GPS 技术

全球定位系统（Global Positioning System，GPS）是一种具有全方位、全天候、全时段、高精度的卫星导航系统（见图 13-4），能为全球用户提供低成本、高精度的三维位置、速度和精确定时等导航信息，是卫星通信技术在导航领域的应用典范。

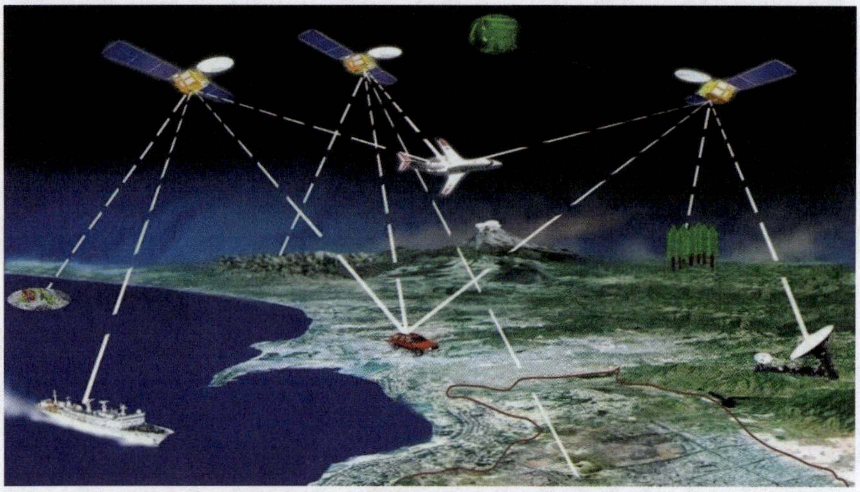

图 13-4　全球定位系统工作示意图

GPS 技术最初只是运用于军事领域，目前已被广泛应用于交通、测绘等诸多行业。

GPS 的应用主要体现在运动导航、轨迹记录、大地测量、周边信息查询等方面。

4. 物联网通信技术

（1）Wi-Fi。Wi-Fi 常见于我们的生活中，其属于短距离无线技术，是当今使用最广的一种无线网络传输技术。以前我们通过网线来连接电脑，而 Wi-Fi 技术的出现使得电子设备可以通过无线电波来连接入网。用户在无线路由器电波覆盖的有效范围内都可以采用 Wi-Fi 连接方式进行联网。

无线网络频段无需任何电信运营执照，费用极其低廉且数据带宽极高，只需要普通的无线路由器便可以架设 Wi-Fi 网络。用户可以在 Wi-Fi 覆盖区域内快速浏览网页，随时随地接听或拨打电话，收发电子邮件，下载音乐，传递数码照片等，而无须担心速度慢和花费高等问题。

（2）红外技术。红外是红外线（Infrared Ray，IR）的简称，是一种可以实现数据传输的无线电磁波。其波长范围在 0.76～100μm，任何温度高于绝对零度（零下 273.15 摄氏度）的物体都会辐射红外线。物体温度越高，红外线辐射越强；物体接收到的红外线辐射越强，温度越高。

红外传输是一种点对点的无线传输方式，物体间不能离得太远，中间不能有障碍物，方向要对准且几乎无法控制信息传输的进度。红外通信技术适用于低成本、跨平台、点对点高速数据连接，目前已被广泛应用到移动计算和移动通信设备中。

（3）蓝牙技术。蓝牙（Bluetooth）是一种开放的短距离无线通信的技术规范，可在世界上的任何地方实现短距离的无线语音和数据通信，功耗低、成本低。从本质上说，它是一种代替线缆的技术，适用于在较短距离内取代线缆连接方案，穿透墙壁等障碍实现在各种固定与移动数字设备之间的连接。

当两台蓝牙设备想要相互交流时，它们需要进行配对。蓝牙设备之间的通信在短程的临时网络中进行，被称为微微网。这种网络可容纳两至八台设备进行连接。其中一台设备作为主设备，其他设备作为从设备。微微网在蓝牙设备加入和离开无线电短程传感时动态、自动建立。

（4）iBeacon。iBeacon 是一项低耗能蓝牙技术，工作原理类似于蓝牙技术。是苹果公司于 2013 年 9 月发布的移动设备用操作系统（iOS7）上配备的新功能。其主要由配备有 iBeacon 协议的低功耗蓝牙设备向周围发送自己特有的 ID，接收到该 ID 的应用软件会根据该 ID 采取行动。因此 ibeacon 需要和拥有低功耗蓝牙的设备进行交互。

一套 iBeacon 由一个或多个拥有低功耗蓝牙的设备组成，它们在一定范围内发射并传输唯一的识别码。接收设备上的软件可以查找 iBeacon 并实现多种功能。iBeacons 不推送通知给接收设备，手机软件商可以使用从 iBeacon 接收到的信号来自己推送通知。

三、物联网在智慧导览中的运用

面对日益增长的智慧导览新需求，利用物联网技术的支持来构建智慧导览服务系统是当前的主流趋势。目前，物联网技术在智慧导览中的运用主要体现在景区室内外导览、路线规划、消息推送等方面。

景区室内外导览系统主要包括展馆、商城、园区里经常使用的导览系统。物联网技术的运用使得这些传统的景区导览系统能够提供具有一定智慧化的决策。例如，很多博物馆已经开始运用智慧博物馆导览系统，通过移动端应用＋博物馆 iBeacon 基站＋游客信息三位一体的模式，提供自助导览功能，使游客与展品之间实现实时、实地、智能的互动，提高观览的体验和效果。智慧博物馆导览系统的核心模块是定位导航模块，其主要利用 iBeacon 技术实现人员的定位和参观导航。实现流程为：博物馆中部署的大量 iBeacon 基站会建立起一个全覆盖博物馆的无线定位网络，在此基础上，利用数字地图实现博物馆的自助导览服务；结合消息推送服务实现区域定向消息推送和智能的参观解说服务；结合传感技术，将传感器部署在整个展区需要交互的区域，传感器及时获取用户交互信息，使游客与展品之间实现智能的互动，提升游客观览体验感。

此外，还有各式各样的多语种导游导览机，这些导游导览机能够以移动智能终端的呈现形式为游客提供集全方位展示、多语种智能语音交互、智慧讲解的导览服务，并拓展形成一个集食、住、行、游、购、娱等实用信息即时查询于一体的综合性导游导览服务机，这对于景区游览的散客来说非常实用。很多中外游客已不满足于简单地看一看风景名胜和奇珍异宝，他们更想知道景区和文物的更多传奇故事。而景区由于讲解人员有限，特别是外语讲解人员较少，很难为每位游客提供规范和统一的讲解服务，此时多语种导游导览机便能够为散客，特别是外国游客的参观提供便利的导览服务。导游导览机通过二维码、RFID、GPS、iBeacon 等技术实现定位，从而为游客提供无须工作人员在场的导览讲解。

延伸阅读　M7 自动感应导览设备

M7 自动感应导览设备（见图 13-5）适用于个人自助导览、散客导览等。当布有发射器点的区域感应到信号或游客输入讲解点编号时，M7 自动感应导览设备即可播放预先录制好的音频。

游客携带该设备进入景区，无论到达的时间先后，也无论所选语言是否相同，M7 自动感应导览设备都能自动根据游客的位置和需要确定解说内容；游客可以根据自己的需要选择自己习惯的语言；每个游客进入景点都能从头听到该景点的解说词，而不是采用随到随听的集中循环广播方式。M7 自动感应导览设备解说效果佳。该设备应用了现代电子技术和无线通信功率控制技术解决相邻景点位置编码信息相互干扰和识别困难等问题，使游客得到准确、清晰、低噪声的解说效果。

基于 Wi-Fi 的定位技术可以为游客提供定位、导航、路径规划、景点信息介绍、消息推送等一系列优质的服务。该设备功能：根据检测已知的部署在景区内的 Wi-Fi 热点的信号强度来确定当前手持设备的具体位置，并根据游客的当前位置和目的地为游客规划最短的路线；利用 Wi-Fi 为游客提供景点介绍信息，包括文字、音频、视频等；收集每位游客参观过的景区景点信息，根据游客游览的景点分析游客的性格爱好，并针对游客的性格爱好来推送消息，如向喜欢看花、喜欢参观艺术品的游客推送文艺主题的酒店或者推送类似的景点。

图 13-5　M7 自动感应导览设备

即使在接收不到电信运营商网络信号的情况下，该设备也可以利用 GPS 卫星进行无线定位，精准获取游客位置信息。游客手持 GPS 定位系统能够在野营郊游、户外探险、自助旅游等野外进行定点导航记录，且全天候不受阴天黑夜、雨雪风霜等恶劣天气的影响，为徒步旅行者、户外探险者提供精准定位服务。游客可以利用 GPS 定位系统进行旅游线路规划与导航，可以利用导航系统搜索自己想要前往的目的地，导航系统会根据游客当前位置以及需要前往的目的地自动规划一条线路。当游客走错路口的时候，导航系统还会自动重新规划线路。

在使用移动设备进行导航时，地图 + 个人位置以及景点向导服务尤为重要。随着智能移动设备的普及和发展，越来越多基于位置的服务出现在人们的生活中，所能提供的位置服务也更加丰富。环境感知不仅能提高定位的精度，而且能够获得更多当前环境的信息，从而改变人与信息设备和设备所提供服务间的互动和关联。

目前移动设备导航在景区场馆导览中的应用主要有 GPS 导航、Wi-Fi 定位，基于更密集精细的 RFID 技术、传感技术、红外技术、蓝牙技术的展品定位。这些技术的快速发展将在未来给展览导览带来更加精准的定位效果和更加快捷的无缝对接的室内外导航体验。

延伸阅读　智慧导览 App

爱去博物馆 App 集合了多个博物馆和美术馆信息，以多条路线推荐的方式进行观展导览，并且提供关于该路线的文字和语音介绍，游客可以识别该路线在馆中平面图中所处的位置（见图 13-6）。

在旅行过程中，及时的消息推送对于游客来说是非常重要的。iBeacon 技术可以基于场景进行精准营销。例如，基于 iBeacon 低功耗蓝牙技术，微信推出了“摇一摇周边”功能，在 iBeacon 信号覆盖的区域，游客手机进入摇一摇界面会自动出现“周边”入口，游客只要摇动手机，就可以获取相应的推送信息。商家根据游客的手机蓝牙 ID 信息，为游客开展有针对性的定制化、个性化应用服务推荐。游客可以使用该功能在景区、商城等地方进行自主游览。

图 13-6　景区推荐线路导览图

延伸阅读　智石系统

基于 iBeacon 技术，重庆智石科技公司研发了智石系统（见图 13-7），游客只要在手机打开该系统，就能独立地游览景区。智石系统会在游客靠近某一个景点的时候，弹出一段视频或者文字介绍，介绍该景点内容。智石系统还能够为游客指引公共设施的位置，如洗手间、服务台等。

图 13-7　智石系统

思考与练习

1. 描述物联网体系架构层次及其作用。
2. 分析智慧导览中的定位功能可运用哪些物联网技术得以实现。

任务十四　认知云计算与智慧导览

任务内容

1. 了解云计算的基本概念；
2. 熟悉云计算的类型、核心技术；
3. 掌握云计算技术在智慧导览中的运用。

一、云计算的概念

针对海量信息的处理需求，计算机技术和通信技术开始逐渐融合，并推动计算机架构的快速升级。云计算技术就是在这一时期开始崭露头角。“云计算”的概念最早由谷歌高级工程师于2006年提出，在此基础上，谷歌颠覆性地提出了“Google 101计划”，并正式提出“云”的概念。由此，拉开了一个时代计算技术以及商业模式的变革。云计算与传统计算的最大区别是其可以让不同的用户、应用按需取用资源。

对于云计算，目前还没有统一的定义，其中最广泛使用的定义是美国国家标准与技术研究院（NIST）给出的定义：云计算是一种模型，它可以实现随时随地、便捷、随需应变地从可配置计算资源共享池中获取所需的资源（如网络、服务器、存储、应用及服务），资源能够快速供应并释放，使管理资源的工作量和与服务提供商的交互降至最低限度。

二、云计算类型及核心技术

（一）云计算类型

根据云服务对象的不同，云的形态可以分为私有云和公有云。私有云，又称内部云，是企业自己搭建的云计算基础架构，它主要面向企业内部用户提供云计算服务。企业拥有私有云的基础架构自主权，并且可以基于自己的需求改进服务，进行自主创新。公有云是企业通过自己的基础设施直接向企业外部用户提供的服务。外部用户通过互联网访问服务，实际上并不拥有云计算资源。公有云能够以低廉的价格，提供有吸引力的服务给最终用户，创造新的业务价值，公有云作为一个支撑平台，还能够整合上游的服务

（如增值业务、广告）提供者和下游最终用户，打造新的价值链和生态系统。

除了私有云和公有云，目前最为流行的是包含私有云与公有云的混合云（见图 14-1）。混合云同时集成了私有云和公有云的优点。其拥有更大的灵活性、更多的部署选项、更高的安全性和符合性，并能从其现有基础结构获得更多价值。当计算和处理需求发生变化时，混合云计算使企业能够将其本地基础结构无缝扩展到公有云以处理任何溢出，而无须授予第三方数据中心访问其完整数据的权限。通过在云中运行特定工作负载，企业可以获得公有云提供的灵活性和创新能力，同时将高度敏感的数据保存在自己的数据中心内，满足用户需求或监管要求。

从云计算服务模式来看，云计算可以分为基础设施即服务（Infrastructure as a Service，IaaS）、平台即服务（Platform as a Service，PaaS）、软件即服务（Software as a Service，SaaS）。基础设施即服务是指把 IT 基础设施作为一种服务通过网络对外提供，并根据用户对资源的实际使用量或占用量进行计费的一种服务模式。其注重计算资源的共享，如服务器、存储、网络等资源的共享。平台即服务侧重于将平台作为服务提供给用户，如将应用服务器平台或开发环境平台作为服务提供给用户，用户在其平台基础上可以直接定制开发自己的应用程序，并通过其服务器和互联网传递给其他客户。软件即服务同样侧重于服务，但其侧重的是将应用软件作为服务提供给使用者。软件即服务提供商将应用软件统一部署在自己的服务器上，用户根据需求通过互联网向厂商订购应用软件服务。这种服务模式的优势是：由服务提供商维护和管理软件，提供软件运行的硬件设施，用户只需拥有能够接入互联网的终端，即可随时随地使用软件。

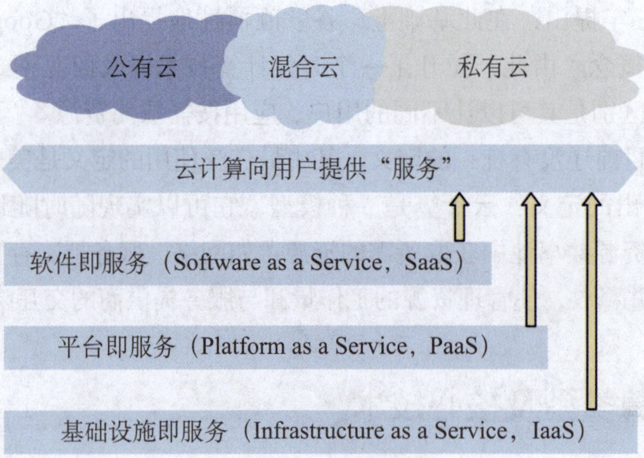

图 14-1　云计算类型

（二）云计算核心技术

1. 虚拟化技术

虚拟化是指计算运行在虚拟资源基础上而不是真实资源基础上的一种技术。所谓的虚拟资源就是逻辑上可以管理的资源，而不局限于物理空间上的限制。虚拟化技术相当于把物理空间上的真实资源转变为逻辑空间上的虚拟资源，使其在逻辑层面上可以直接管理。在用户使用虚拟资源的过程中，所有的资源都透明地运行在各种各样的物理平台上，而用户却感觉不到资源物理设备的差异、物理距离的远近以及物理数量的多少，只需要按照自己的习惯调用需要的信息资源并与之交互即可。

目前，虚拟化技术主要包括服务器虚拟化、存储虚拟化、网络虚拟化以及桌面虚拟化等。

（1）服务器虚拟化。服务器虚拟化技术相当于在物理服务器资源上加入一个逻辑层。通过运用虚拟化技术可以在逻辑层面上控制多台物理服务器，就相当于在操作一台虚拟服务器。这些在逻辑层面上操作的虚拟服务器可以执行与普通物理服务器相同的任务，而不需要每个虚拟服务器拥有自己的物理资源。服务器虚拟化可以充分发挥服务器的硬件性能，最终节省物理空间，能够在确保企业投入成本的同时，提高运营效率，节约能源，降低经济成本。

（2）存储虚拟化。存储虚拟化是一种打通存储底层的基础建设，通过虚拟化技术提供的逻辑层统合整个存储环境，为前端服务器的存储需求提供单一化服务。存储虚拟化可以将多种、多个物理存储设备在逻辑层面上统一管理起来，将一堆独立分布的物理硬盘资源虚拟整合成一块虚拟硬盘。用户看到的不是多个硬盘，而是分区或者卷，其如同一个超大容量的硬盘，为用户提供大容量、高数据传输性能的存储系统。

（3）网络虚拟化。网络虚拟化可将网络抽象化为一个广义的网络容量池。可以将统一网络容量池以最佳的方式分割成多个逻辑网络。通过创建跨越物理边界的逻辑网络，允许远程用户访问企业的内部网络，从而实现跨集群资源优化。类似于在一个物理网络上创建多个虚拟网络。

（4）桌面虚拟化。桌面虚拟化是在服务器上部署好桌面环境，传输到用户端电脑上，而用户端只采用用户机的应用模式，即只安装操作系统，接收服务器传输来的虚拟桌面，用户看到的就像本地真实环境一样，所有的使用其实是对服务器上的桌面进行操作。

2. 分布式存储技术

在物联网时代，网络每天都会产生大量的数据，这些海量的数据对存储提出了新的要求。分布式存储技术就是为了解决这个问题而发展起来的。

分布式存储是一种数据存储技术，它并不是将数据存储在某个或多个特定的节点上，而是通过网络将数据分散地存储多个存储服务器上，充分利用每台存储服务器的空间。例如：用户可以通过网络使用企业中的每台机器上的磁盘空间，并将这些分散的存储资源构成一个虚拟的存储设备，数据分散地存储在企业的各个角落。

分布式存储是一个大的概念，其包含的种类繁多，包括分布式文件系统、分布式键值系统、分布式表格系统以及分布式数据库系统。这些不同类型的分布式存储系统适用于存储和处理不同类型的数据。数据主要分为结构化、非结构化、半结构化三种类型。结构化数据需要预先定义，具有固定的结构、属性划分，一般存储在关系数据库中，可用二维关系表结构表示；非结构化数据没有预先定义的统一格式，如声频、图像、文档、视频等；半结构化数据介于上述两种数据类型之间，具有一定的结构，但又有一定的灵活可变性。

分布式文件系统适合处理非结构化数据，将非结构化数据都当作文件形式的存储对象，分布式键值系统适合存储数据关系简单的半结构化数据，通过键值来管理半结构化数据，支持简单的数据创建、读取、更新、删除操作。分布式表格系统适合存储关系较复杂的半结构化数据，与分布式键值系统相比，功能更强大，主要特点是只针对单表格，不支持表格之间的合并等操作。分布式数据库系统则适合存储结构化数据，其从单机的关系数据库发展而来，提供多维表格组织数据，提供 SQL 语言查找，同时支持多表的关联，功能强大。

3. 并行计算技术

并行计算或称平行计算是相对于串行计算而言的。它是一种一次可执行多个指令的算法，目的是提高计算速度，以及通过扩大问题求解规模而解决复杂的计算问题。它的基本思路是用多个处理器来协同求解同一个问题，将被求解的问题分解成若干个部分，各部分均由一个独立的处理机来并行计算。并行计算系统既可以是专门设计的、含有多个处理器的超级计算机，也可以是以某种方式互连的若干台独立计算机构成的集群，通过并行计算集群完成数据的处理，再将处理的结果返回给用户。

并行计算可分为时间上的并行和空间上的并行。时间上的并行是指流水线技术；空间上的并行是指用多个处理器并发的执行计算，即通过网络将两个以上的处理机连接起来，达到同时计算同一个任务的不同部分，或者单个处理机无法解决的大型问题。

三、云计算在智慧导览中的运用

旅游行业的快速发展伴随着大量的旅游数据的产生，这些旅游数据中蕴含着大量有用的信息资源，但由于各地区的旅游信息化系统发展不平衡，导致旅游信息数据基本不能实现共享。伴随着云计算的快速发展，目前云计算平台在旅游数据存储、共享方面是不可或缺的技术，其在智慧旅游导览服务中起到了非常重要的作用。

在游客游览过程中，准确的信息推送可以让游客更加方便地获取自己感兴趣的游览项目，不会错过沿途的任何美食美景。“云”具备非常大的数据规模，云计算技术可以提供超强的计算能力，将推荐算法运用在海量分布式存储的数据上，实现海量旅游数据信息的快速处理和分析，能够推荐给消费者准确的信息。

云计算可以实现海量旅游数据的共享。我们可以把“云”看作一个巨大的旅游资源服务中心，游客可以在任何有网络的地方通过智能导览系统从这个资源服务中心获取更多的景点攻略等信息。目前，我国各地景区的发展情况参差不齐，大多数景区无法构建一个完整的旅游信息化系统，但是借助云计算平台资源的共享，景区可根据自己的实际情况来购买相应的旅游系统所需资源，构建更加完善的服务系统。

延伸阅读 12301 国家智慧旅游公共服务平台

2015 年 9 月，12301 国家智慧旅游公共服务平台（见图 14-2）正式运营，这是我国第一个以 PPP 模式构建的国家级旅游公共服务平台。12301 平台已实现集中受理全国 31

省（区、市）的旅游咨询与投诉服务。12301 国家旅游服务热线还与国内部分省（区、市）的 12315、12345 和 12308 中国公民领事保护热线实现信息共享，最大限度地保护旅游消费者的权益。近年来，国庆黄金周期间，高德地图洞察到用户的出游需求，全面升级旅游出行目的地服务，并携手 12301 国家智慧旅游公共服务平台发布高德乐游云服务，为景区管理赋能，为用户出行提供前、中、后全链路服务——重构用户和景区间的矩阵供需关系，解决用户景区出行游览痛点。

图 14-2　12301 国家智慧旅游公共服务平台

思考与练习

1. 简要描述云计算的类型。
2. 分析云计算技术在智慧导览中起到的作用。

任务十五 认知大数据与智慧导览

任务内容

1. 了解大数据的基本概念；
2. 熟悉大数据处理流程、关键技术；
3. 掌握大数据技术在智慧导览中的运用。

一、大数据的概念

大数据（Big Data），又称巨量资料，是指在传统数据处理应用软件不足以处理的大或复杂的数据集，其所涉及的资料量规模巨大到无法透过目前主流软件工具，在合理时间内达到撷取、管理、处理并整理成为帮助企业实现经营决策目的的资讯。

麦肯锡全球研究院对“大数据”的定义是：一种规模大到在获取、存储、管理、分析方面大大超出了传统数据库软件工具能力范围的数据集合，具有海量的数据规模、快速的数据流转、多样的数据类型和价值密度低四大特征。大数据技术的战略意义不在于掌握庞大的数据信息，而在于对这些含有意义的数据进行专业化处理。换而言之，如果把大数据比作一种产业，那么这种产业实现盈利的关键在于提高对数据的“加工能力”，通过“加工”实现数据的“增值”。

从技术上看，大数据与云计算的关系就像一枚硬币的正反面一样密不可分。大数据必然无法用单台的计算机进行处理，必须采用分布式架构。它的特色在于对海量数据进行分布式数据挖掘。但它必须依托云计算的分布式处理、分布式数据库和云存储、虚拟化技术。

目前，大数据技术已经应用到了各行各业中。随着互联网技术的发展，我们迎来了大数据时代，各种大数据分析平台的出现为我们的智能生活开辟了一个新的起点。以日益繁荣的旅游业为例，旅游与大数据的有效结合给我们带来了一个更加便捷的智能旅游新时代（见图 15-1）。

二、大数据处理流程及关键技术

（一）大数据处理流程

一般而言，大数据处理流程可分为以下步骤：数据采集、数据清洗和预处理、数据

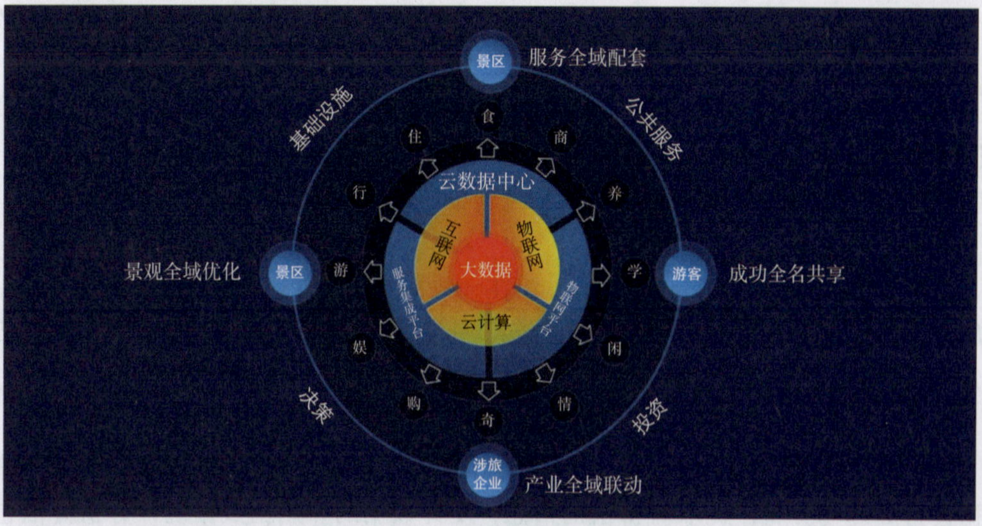

图 15-1 大数据驱动数字文旅

存储、数据统计分析、数据挖掘、结果可视化（见图 15-2）。

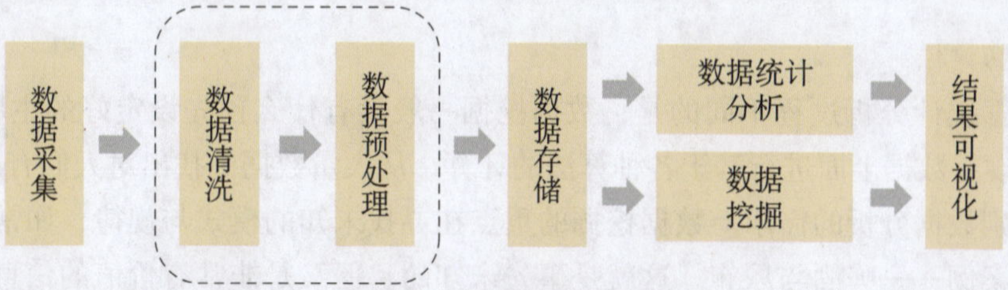

图 15-2 大数据处理流程

1. 数据采集

数据采集主要是将各种数据（如结构化数据、半结构化数据以及其他非结构化数据等）抽取到临时文件或数据库中，其本质是数据的获取。大数据采集技术是对数据进行 ETL（Extract-Transform-Load）操作，即抽取、转换、加载。

抽取→从各种数据源获取数据；

转换→按需求格式将源数据转换为目标数据；

加载→把目标数据加载到数据仓库中。

2. 数据清洗和预处理

采集好的数据肯定有重复或无用的，此时需要对数据进行简单的清洗和预处理，使不同来源的数据整合成一致的、适合数据分析算法和工具读取的数据，如数据去重、异常处理和数据归一化等，然后将这些数据存到大型分布式数据库或者分布式存储集群中。数据清洗和预处理的流程包括数据清洗、数据集成、数据变换、数据规约（见图 15-3）。

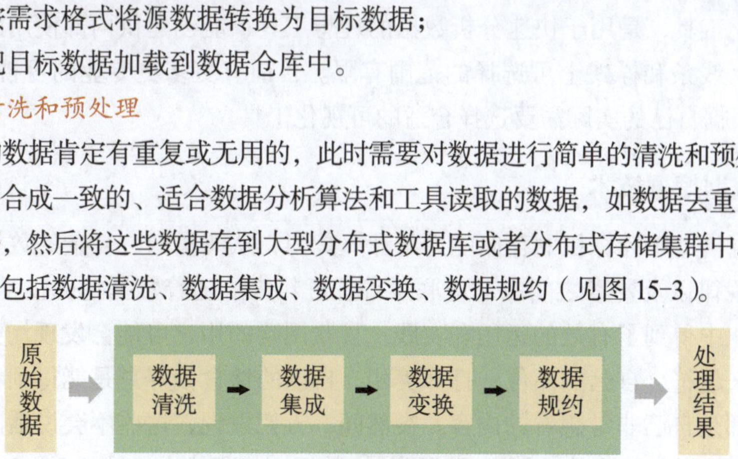

图 15-3 数据清洗和预处理

数据清洗的目的在于删除重复信息、纠正存在的错误，并实现数据的一致性。数据集成主要将不同来源、不同格式、不同特点性质的数据在逻辑上或物理上有机地集中，从而为企业提供全面的数据共享。数据变换是将数据转换成适合挖掘的形式，如将多维数据压缩成较少维的数据。数据规约是从数据库中选取并建立用户感兴趣的数据集合，然后从数据集合中滤掉无关数据，最大限度地精简数据量。

3. 数据存储

数据存储主要利用存储介质实现，而在大数据时代，普通 PC 的存储容量已经无法满足大数据需求，需要进行存储技术的变革。目前针对海量大数据的存储主要通过云计算分布式存储系统来实现。

4. 数据统计分析

数据统计分析是指根据分析的目的，运用适当的统计分析方法及工具，对收集来的数据进行处理与分析，提取有价值的信息，发挥数据的作用。数据统计分析方法包括对比分析、分组分析、交叉分析、回归分析等。数据统计分析后得到指标统计量结果，如总和、平均值等，这些指标数据只有与业务结合进行解读，才能发挥数据的价值与作用。

5. 数据挖掘

与数据统计分析过程不同的是，数据挖掘一般没有什么预先设定好的主题和目的，主要是在现有数据上面进行基于各种算法的计算，从大量数据中找出对人们有用的信息，实现高级别数据分析的需求。数据挖掘的重点在寻找未知的模式与规律，如常被引用的数据挖掘案例——啤酒与尿布，这就是事先未知的，但又是非常有价值的信息。进行数据挖掘时主要采用决策树、神经网络、关联规则、聚类分析等统计学、人工智能、机器学习等方法。

6. 结果可视化

结果可视化，即将数据统计分析的结果和数据挖掘的结果进行可视化展示。这是因为大数据分析的使用者既有大数据分析专家，又有普通用户，可视化分析能够直观地呈现大数据特点，容易被读者所接受，就如同看图说话一样简单明了。Excel 作为一个入门级数据可视化工具，是用于快速分析数据的理想工具，能创建供内部使用的数据图，但是其在颜色、线条和样式上可选择的范围有限。目前有更多更专业的可视化工具出现，使用者可以根据自己的实际需要选择合适的可视化工具。

（二）数据挖掘技术

数据挖掘借助于计算机的存储能力与计算能力，从海量的、复杂的数据中发现有价值的知识、规律以及要素之间的对应联系等。近年来，随着数据挖掘技术的迅速发展，其在各行各业中得到了有效的运用和实践。喜欢网购的用户可能会发现淘宝的“猜你喜欢”频道越来越符合自己的品位；打开美团，自己的饮食偏好总是能得到体现；今日头条的推送也都是自己非常想看的内容。突然间，人们发现，这些不会说话的软件变得比自己还了解自己了，而这其后的原理就是从大数据中找规律。

大数据并不像表面上那么抽象，而是有一整套方法让人们能够通过数据寻找相关性，即找到一定的规律，最终解决各种各样的难题。每一个人、每一家企业在接受大数据的规律，改变做事方式之后，就有可能实现一些在过去想都不敢想的梦想。在这些梦想的基础上，我们能够构建一个完美的商业环境和一个更加现代化的社会。当人们改变思维方式后，很多过去难以解决的问题在大数据时代都迎刃而解。

在有大数据之前，我们寻找一个规律常常是很困难的，经常要经历“假设—求证—再假设—再求证”这样一个漫长的过程，而在找到规律后，应用到个案上的成本可能会很高。但是有了大数据之后，这一类问题就变得简单了。例如，通过对大量数据的统计直接找到正常的纳税模式，然后圈定那些有嫌疑的偷税漏税者。由于这种方法采用的是机器学习，依靠的是机器智能，大大降低了人工成本，因此执行成本非常低。

从数据挖掘中寻找规律最经典的案例就是沃尔玛的啤酒和尿布的故事。沃尔玛拥有世界上最大的数据仓库系统，为了能够准确了解顾客在其门店的购买习惯，沃尔玛对顾客的购物行为进行购物篮分析，以了解顾客商品关联购买情况。沃尔玛数据仓库里集中了其各门店的详细原始交易数据。在这些原始交易数据的基础上，沃尔玛利用数据挖掘方法对这些数据进行分析和挖掘。一个意外的发现是：跟尿布一起购买最多的商品竟然是啤酒。

在新技术不断发展的今天，数据挖掘技术作为一项强大的数据分析技术，在客户关系管理中的应用正得到越来越多人的关注。它是一种从大量有效数据中提取或挖掘知识进行数据分析，从而发现潜在信息的技术。对客户进行细分能够帮助企业从更加深入、全面的角度洞察客户，了解客户价值取向，并基于这种洞察，在合适的时间通过合适的渠道向合适的客户提供量身定制的产品套餐。

三、大数据在智慧导览中的运用

大数据的盛行促使各行各业的大数据剖析渠道百家争鸣，特别是游览业。游览大数据剖析渠道是基于“渠道 + 服务 + 使用”的思维构建的，它首先要整合各类游览相关应用体系及信息资源，在公安、交通、工商等相关范畴完成信息同享、协同协作，共同打造良性的游览云生态体系。根据建造的需求，它采用了大数据处理与挖掘、智能消息推送等关键技术，建造全新一代的松耦合、高效和高可用、高度可扩展、安全可靠的使用服务支撑渠道，从而使各个游览景点通过大数据渠道剖析，形成一个高效运作的产业链，让游客享受智能化游玩体验。

游览类大数据（示例见图 15-4）主要包括假期游览大数据剖析体系、游览大数据营销剖析体系、景区客流大数据监测体系、游览大数据统计剖析体系、酒店价格大数据监测体系、客源地价值剖析、游览意图满意度指数、乡村游览大数据监测体系等。

随着大数据时代的到来，越来越多的导览品牌开始专注智慧游览与景区信息化建造。在进行智慧游览技能的开发与服务同时，促进智慧游览项目建造与营销服务成为许多游览公司改变发展方向的首要任务。

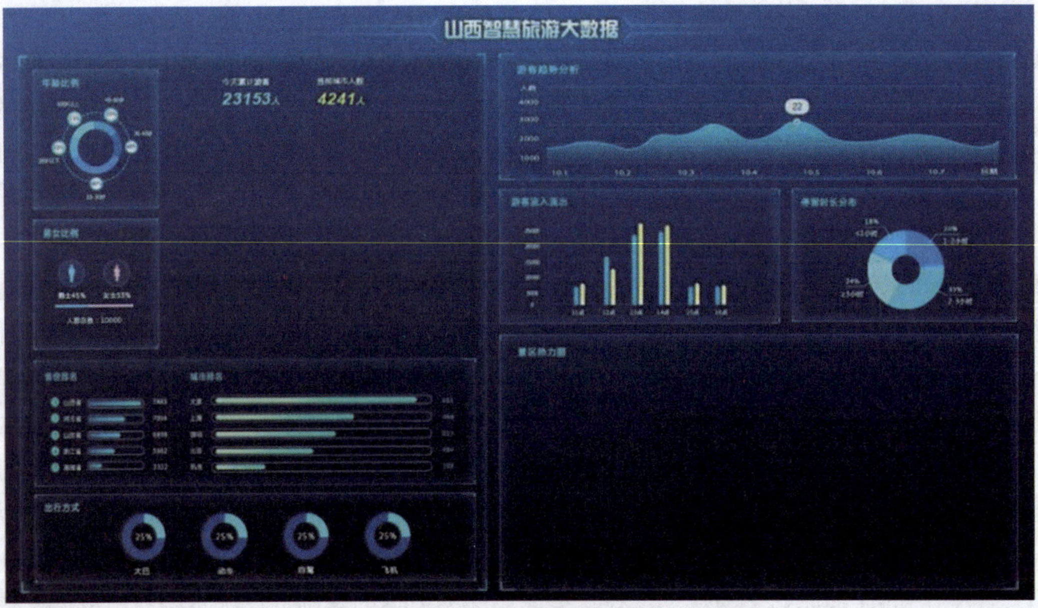

图 15-4　山西智慧旅游大数据

行业中紧跟时代脉搏的佼佼者开始以“互联网 +”技能为切入点，打造智慧景区，强化进入景区的办理、服务水平，为游客提供更加快捷、舒适的服务，并以其在智慧景区归纳票务办理体系建造范畴的抢先优势，进行了 TRP（旅游资源规划）体系建构，形成了融合景区游览、休闲娱乐、特征商铺等资源，集食、住、行、游、购、娱为一体的开放式游览、休闲体系。

现在的游览类 App，如携程、飞猪等都是供给食、住、行、游、购、娱一体化服务，这些根据大数据剖析渠道上运营的产品，在剖析用户喜好与习惯的同时，能够给予用户合理化建议。在大数据时代背景下，用户信息充斥在网络中，各类游览类 App 可以将用户的每个具体信息抽象成标签，利用这些标签将用户形象具体化，从而为用户提供有针对性的推荐服务。用户画像（见图 15-5）作为一种勾画目标游客、联系游客诉求与设计方向的有效工具，在旅游业得到了广泛的应用。

通过用户画像可以对游客进行精准定位，并结合营销手段依托现代信息技术建立个性化的游客沟通服务体系，实现企业可度量的低成本扩张之路，这是网络营销理念中的核心观点之一。自从大数据热潮出现以后，越来越多的旅游机构开始重视并利用社会化媒体对用户进行基于大数据的精准营销，注重与用户的有效沟通及引导，以提升旅游机构的产品销量、品牌知名度和用户满意度。

旅游是一项庞大、复杂的经济社会活动，大数据是进行消费者分析和预测的重要手段，是有效地了解当前市场需求情况和预测未来市场趋势的途径，而且在产业运行分析、监测与管理方面具有重要价值。将大数据应用到旅游营销中是推动智慧旅游发展、建设现代旅游产业的必要手段。

以景区大数据为例，景区将所有游客的数据和行为进行分析，为景区产品迭代、运营升级、招商定位提供战略分析依据。旅游大数据分析需要借助三大运营商对游客数据

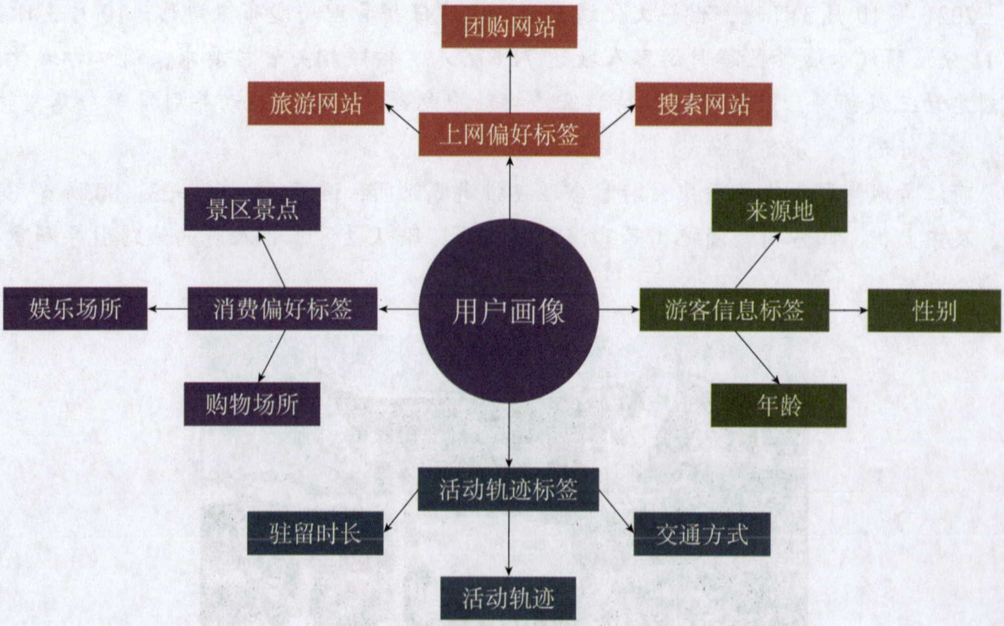

图 15-5　用户画像

的采集，因为手机身份证是实名制，游客来自哪里、性格、年龄分布、景点停留时间等信息一目了然。

各个景区可借助大数据分析做好全年战略规划、营销投入、确定招商方向和业态布局，以更好地建设景区。一个景区何时是旅游淡旺季、高峰时期多少人、清淡时期多少人、是老年游客还是中年游客居多、是男性还是女性更多、哪些二消项目最受欢迎、哪家民宿更受游客偏爱，这些游客消费的数据都会成为景区运营方分析的核心资料。

大数据 + 旅游在运营方面的优势是显著的，它能更加了解游客的旅游产品和市场。景区若对游客的客户群体有所了解，就能更好地规划招商业态，淘汰业绩差的商业项目，引进受欢迎的项目，以满足游客的偏好和需求。

互联网的高速发展渐渐渗透于旅游活动中，智能手机和移动设备的普及便利了旅游者凭借网络平台搜寻旅游信息、预订旅游产品，借助互联网获取数据研究旅游现象成为可能。随着通信和信息技术的发展，游客可更加方便地运用各种电子产品保留和积累大量旅游相关的电子数据，这些数据记录和保存了游客旅行的时间与轨迹，形成了丰富的旅游数字足迹。

延伸阅读　丽江古城景区综合检测

丽江古城（见图 15-6）又名大研镇，位于云南省丽江市，始建于宋末元初（公元 13 世纪后期）。丽江古城内的街道依山傍水修建，以红色角砾岩铺就，有四方街、木府、五凤楼、黑龙潭、文昌宫、王丕震纪念馆、雪山书院、王家庄基督教堂、方国瑜故居、白马龙潭寺、顾彼得旧居、净莲寺、普贤寺等景点。丽江为第二批被批准的中国历史文化名城之一，是中国以整座古城申报世界文化遗产获得成功的两座古城之一。

2021 年 10 月 3 日晚，世界文化遗产丽江古城保护管理局发布微博称，10 月 3 日 22 时 11 分，丽江古城景区瞬时游客人数达 71 676 人。按照相关管控要求，丽江古城景区即刻启动三级预警，采取暂停接待游客，播放应急疏导广播，启动导引屏等应急措施，对游客进行疏导、分流。

丽江古城景区再次提示广大游客合理安排游览时间，避开 19：00—23：00 游览高峰期，及东大街、四方街、酒吧街等客流聚集街区，服从景区工作人员的线路引导和疏导安排。

图 15-6　丽江古城

思考与练习

1. 什么样的数据可以被称为大数据？它与普通数据有什么不同？
2. 利用大数据技术建立的游客画像包含哪些内容？在智慧导览中起到什么作用？

任务十六 认知人工智能与智慧导览

任务内容

1. 了解人工智能的基本概念；
2. 熟悉人工智能核心技术；
3. 掌握人工智能技术在智慧导览中的运用。

一、人工智能的概念

人工智能（Artificial Intelligence，AI），即计算机模拟或实现的智能，是研究、开发用于模拟、延伸和扩展人的智能的理论、方法、技术及应用系统的一门新技术科学。

人工智能是计算机科学的一个分支，它企图了解智能的实质，出产一种新的可以和人类智能相似的方式做出反应的智能机器，该领域的研究主要有机器人、语言识别、图像识别、自然语言处理和专家系统等。人工智能从诞生以来，理论和技术日益成熟，应用领域不断扩大。可以设想，未来人工智能带来的科技产品将会是人类智慧的“容器”。人工智能可以对人的意识、思维过程进行模拟。

人工智能是一门极富挑战性的科学，从事这项工作的人必须懂得计算机、心理学和哲学等方面的知识。人工智能是覆盖领域十分广泛的科学，它由不同的领域组成，如机器学习、计算机视觉等。总的来说，人工智能研究的一个主要目标是使机器能够胜任一些通常需要人类智能才能完成的复杂工作。

二、人工智能核心技术

（一）专家系统

专家系统往往被认为是一个程序系统，其主要作用是根据专家提供的经验知识，通过学习和模拟专家思考问题的方式和过程，以实现专业领域的问题求解。专家系统主要由两部分组成：知识库和推理机（见图 16-1）。知识库主要包含大量某个领域专家提供的知识和经验，推理机是由人工智能技术和计算机技术实现的一种将逻辑规则应用于知识库以推断出新信息的系统组件。专家系统的实现原理就是根据知识库存储的经验知识，利用推理机进行主动推理、判断，得到特定领域问题的解决方案。

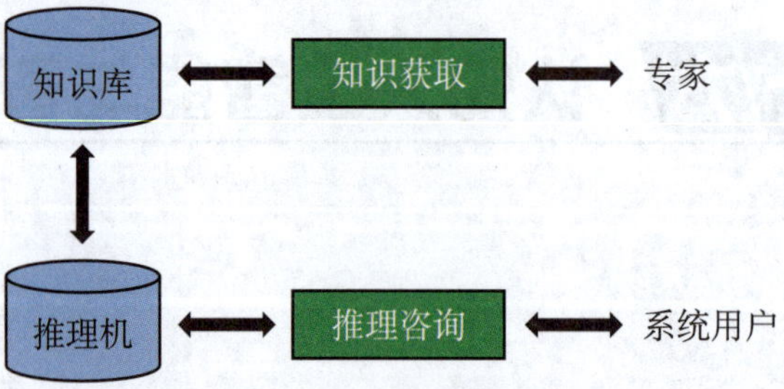

图 16-1　专家系统组成

世界上第一个成功应用的专家系统是 DENDRAL，于 1968 年在美国研发成功。该专家系统集成了大量化学领域的专业知识，主要用于推断有机化合物的分子结构。此后，许多著名的专家系统相继被开发，并且渗透在各个领域，包括军事、气象、医学、农业等。专家系统的有效应用为社会节省了很多的人力和物力，为社会的生产和发展带来了巨大的经济效益。例如，使用医学相关的专家系统，病人可以直接与医学专家系统进行对话咨询，这就像是与一位有着丰富经验的医生进行对话一样。这些专家系统很多在功能上已经可以媲美专家的能力。

随着计算机技术和人工智能技术的不断发展，专家系统也正在向新一代专家系统发展，如目前很多专家系统融合了分布式技术，形成了分布式专家系统等。

（二）机器人学

机器人学所涉及的研究领域非常广，包括电子学、控制工程、精密机械、仿生学等多种学科和领域。人工智能技术属于机器人学的核心技术，从机器人手臂的移动到机器人的行走路径的规划，从机器人对外界信息的获取到机器人对外界信息的处理和做出的反应等操作都需要使用人工智能技术。

目前，应用最多的有服务行业的咨询引导机器人（见图 16-2）、工业领域的流水线操作机器人。这些机器人基本上都是一些按照预先设置好的程序执行简单重复工作的简单机器人，一般不需要特别复杂的技术就可以实现，其还具有自适应外界环境变化的能力。

机器人也被应用于空中和海洋作业，代替人类到危险的未知区域进行探索。如火星探路者探测器代替人类实现了对火星表面的实地探测。在医学领域，医学机器人也发挥了重要的作用。在部分外科手术中，机器人已经能够辅助医生进行手术，甚至直接替代医生为病人开刀。目前还在研究的微纳米医疗机器人甚至可以直接进入人体器官进行疾病的诊治。

随着人工智能技术的快速发展，越来越多的研究者投身于智能机器人的研究，这些机器人具有感知外界环境的能力，能够对感知的信息进行自我处理和判断，并控制自己的行为，协调自己的肢体执行命令。在未来社会，将会有更多的智能机器人出现，如家庭机器人保姆、机器人司机等。当然，这有赖于人工智能技术的更进一步发展。

图 16-2　咨询引导机器人

（三）模式识别

模式识别问题是将某些具有共同属性的模式划分到对应的模式类别中去。近年来，模式识别主要集中于计算机视觉以及语音识别方向的研究，即让计算机模拟人类的感知分类能力，类似于具有人类的视觉、听觉等。有关研究人员的分析资料表明，正常人类接受外界信息的比例有 80% 以上来自视觉，10% 以上来自听觉。因此，视觉和听觉是人类感知外界信息的重要途径。目前，计算机还无法直观地感知和判断周围形形色色的信息。虽然可以通过摄像机、扫描仪等获取图片、文字信息，可以通过麦克风获取声音信息，但对于这些获取的信息，计算机却无法理解和识别。模式识别的研究目的就是使计算机能够突破这个瓶颈，可以跟人类一样通过“视觉”与“听觉”来感知外界信息。

计算机视觉主要集中在对视频、图像和文字的识别，如指纹识别、人脸识别、汽车牌照识别等方面的应用上。语音识别技术结合自然语言处理技术也已经在智能家居控制系统、手机语音识别系统等得到成功的应用。

神经网络、深度学习等人工智能技术的快速发展及其在模式识别领域的应用促进了模式识别技术的迅速发展，特别是在生物特征识别和人机交互方向做出了很大的贡献。例如：在生物特征识别方面的指纹识别、人脸识别、步态识别、声纹识别等方面都得到了成功的应用。人机交互方面也不再局限于传统的鼠标键盘交互方式，而有了姿势交互、语音交互等新型交互方式，使人与机器能够更加方便地沟通交流。

（四）自然语言理解

语言作为人与人之间的通信媒介，是人类沟通交流的主要方式。因此，在人工智能的发展过程中，人类期望与计算机能够实现更加方便的自然语言交互，期望计算机具有跟人一样的语言理解能力，即能够翻译自然语言，理解语言的含义并执行语言给出的指令等。

自然语言处理属于较早的研究领域之一。最初对于自然语言理解的研究主要集中在从一种语言到另一种语言的语言翻译上。当然，直到现在，自然语言翻译这个领域的研究也还在继续。例如，百度翻译、谷歌翻译等翻译软件就是自然语言翻译领域成功的应用案例。除了语言翻译外，目前自然语言处理还在社交软件监控、语音助理、聊天机器人等方面取得了重大突破。例如，2017 年 7 月 5 日，阿里巴巴“天猫精灵”X1 版本正式推出，这是一款具有自然语言理解能力的 AI 智能终端设备，能够与用户实现自然语言的对话，并且具有语音购物、智能家电控制、音乐点播等功能。但是，人工智能的自然语言理解能力离人类的自然语言理解能力还有差距，建立一个真正能够理解自然语言的计算机系统的任务还非常艰巨。

（五）数据挖掘与知识发现

随着互联网、大数据等技术的快速发展，数据挖掘与知识发现领域的研究热潮也开始掀起。大数据时代的数据不同于传统数据库中的结构型数据，大部分属于非结构型数据，并且这些数据中蕴含着大量的知识信息，如何使这些信息得到有效的发掘和利用，是数据挖掘技术需要探索的事情。数据挖掘与知识发现领域的研究内容就是通过机器学习、神经网络以及统计学和模糊数学等技术手段和方法实现从大数据中挖掘和发现有效的知识信息。

对于企业来说，通过数据挖掘等技术发现并获取有用的知识信息，可以帮助企业进行精准的市场预测以及营销方案策划等。对于用户来说，智能终端应用通过数据挖掘与知识发现可以根据用户需要更加有针对性地推送给用户有效信息。目前各大企业和机构都投入了大量的人力和物力进行数据挖掘与知识发现领域的研究。例如，百度公司在 2014 年上线了一款大数据产品——百度预测（见图 16-3），实现对全国热门景区未来 5 日的人流趋势以及景区舒适度等信息的预测，可供游客出行参考。

图 16-3 百度预测

三、人工智能技术在智慧导览中的运用

2020 年全国两会期间，人工智能（AI）再次成为热门话题之一。从 2017 年“加快人工智能等技术研发和转化”、2018 年“加强新一代人工智能研发应用”、2019 年“深化大数据、人工智能等研发应用”、2022 年“培育壮大集成电路、人工智能等数字产业”，人工智能多次被写入政府工作报告。

如今的人工智能已经改变了人们的生产生活方式。例如，在使用智能手机的“语音助理”功能时，在购物网站与在线客服聊天时，在搭乘高铁“刷脸”进站时……我们已在不经意间享受了人工智能带来的便捷服务。不仅如此，人工智能技术还正在被应用于文化和旅游服务中，从而开启了大众全新文化和旅游体验新模式，让享文化、乐旅途更具科技范儿。

目前，人工智能在导览服务中的应用主要包括导航、导游、导览和导购等。基于领先的人工智能导览技术，可以让出行场景更加便捷，在游客出行游览过程中可以为其提供动态讲解、智能问答等智慧化服务，以及基于大数据的路线引导和围绕目的地的服务预订等多项功能服务，形成了软硬件加数据的完整解决方案。

各种基于人工智能技术实现的移动智能设备在旅游导览方向起着非常重要的作用。移动智能设备作为现今社会人们处理事务、交流沟通、娱乐等生活中方方面面都不可或缺的重要设备，其不仅能够提供完全虚拟的线上虚拟游览，而且能在游客现场观展时对传统导览方式的不足之处做补充，如借助其智能性、个性化、大数据等优势特点，根据游客的特点和需求有针对性地提供现场导览服务，从而全面提升游客参观游览的导览体验。随着景区景点 Wi-Fi 更广的覆盖面、移动设备更久的续航能力，以及日渐精准的导航定位系统，移动设备未来能够在导游导览中发挥更大的价值。通过近几年的大力投放，我国的博物馆、美术馆、旅游景点的智慧导览布局已趋于成熟。

游客在景区场馆现场参观时，由于展馆的相似性，有时容易出现迷路情况，需做好标记备注。而移动智能设备可以使用全程定位功能记录观展路径，使游客能够随时查看观展路线。移动智能设备的各种附加功能通过趣味性的互动为游客观展带来记忆点和独特的情感体验。游客使用移动智能设备能在参观游览现场快速找到感兴趣的展厅或景点。

另外，移动智能设备还可以记录游客信息提供给景区场馆，如游客在不同展区、景点的逗留时间，游客的职业、年龄等基础信息。这样既能帮助景区场馆评估布展效果，又能够用以分析游客的喜好，便于后期推荐给游客其可能感兴趣的展览、展馆，并借助移动互联时代的大数据与云计算整合其他游客信息从而进行场馆布展与路线推荐。

以往游客出行前要做一份完整的旅游攻略，需要对目的地有一定的了解。如今，人工智能技术解决了游客不了解目的地的问题。通过规划路线、匹配需求，智能导览系统可以满足游客的个性化需求，游客可以随时修改行程，自己就能成为旅游达人。例如，移动应用软件通过数据挖掘与知识发现等技术，可以根据游客的社交喜好向游客推荐其感兴趣的旅行路线。微信、QQ、支付宝等软件已经成为消费者互动的主要平台。这些互动软件可以与旅游体验紧密结合，如“推荐”功能模块能够帮助用户探索新的体验、

旅游安排、节日活动和酒店服务等。

小鹿导游 App　案例应用

小鹿导游（见图 16-4）是一款专门为了广大旅游爱好者、广大导游从业者，以及其他喜爱旅游、愿意和他人分享旅游知识和旅游心得的 App。导游可在带团中或者平时将导游知识融入创造的导览线路中，并录制保存上传到小鹿导游，小鹿导游 App 会推荐线路。导游可使用该 App，上传制作的语音导览，实现作为导游或者旅游达人最大的价值。

图 16-4　小鹿导游 App 界面

通过人工智能技术还可以实现随身导游、实时对话互动。目前有许多有关“未来”的影视作品，通过特效技术给了观众良好的试听体验。例如，2019 年初上映的《流浪地球》就为我们呈现了采用轨迹球操纵方式的汽车、太空站中与智能机器人交流等场景。目前人工智能技术的迅速发展正在使许多这些虚拟的场景成为现实。例如，国内各大视频平台已经开始推出各种形式的互动视频，很多咨询服务处会有智能交互机器人，部分医疗场所也配备了医疗智能读片系统等。苹果的 Siri、小米的小爱同学、百度的小度等已经拥有语音对话功能，这一功能也将被利用在旅游行业中。

现在有很多景区都推出了智能导览机器人，这些机器人不同于传统机器人，它们有非常发达的“大脑”，即中央计算机。智能机器人集成了多种高新技术，融合了机械、电子、传感器、计算机硬件、软件、人工智能等很多学科的知识。

智慧展馆的智能导览机器人（见图 16-5）在自主自动的基础上，通过感知系统采集环境信息，进行传感器信息融合，建立环境模型，从而实现识别和躲避障碍物的功能。通过地面色标、激光定位等方法，智能导览机器人沿规划好的路径行走。智能导览机器人可在行走过程中，对事先定位好的展品进行讲解。智能导览机器人安装了温度、湿度、红外等环境传感器，可对室内环境进行监测。此外，智能机器人还在一定范围内实现了人与机器人自由对话，人可以通过语音控制机器人的移动、肢体动作以及其他表演功能。

智能导览机器人主要应用于博物馆及智能展厅，可以按照博物馆或展厅的预设线路轨迹进行线路的导游讲解。游客只需主动向前扫一下智能导览机器人，即可预约选定路线。智能导览机器人将会带领游客按游览路线进行参观，并每到一个展点前自动讲解该展点的内容，实现模拟导游讲解，全程自动导览讲解。智能导览机器人还配备了触摸面板，游客可以点触选择需要了解的导览信息内容，主屏幕上有博物馆或展厅预设的展示内容，支持视频、音频、文字、图片等输出，从而让游客更充分地享受智能导览机器人的讲解乐趣。智能导览机器人更能与游客进行问答互动，它具有人声识别模块，游客只需要对智能导览机器人进行发问，它将会快速准确地回答游客的疑惑，如实时导航、展点点播。

北京欢乐谷

浙江雁荡山景区

河南老君山景区

图 16-5　机器人与游客互动

熊猫机器人优悠和 Walker X　案例应用

2021 年迪拜世博会中国馆熊猫机器人优悠（见图 16-6）和 Walker X（见图 16-7）均由我国优必选科技公司自主研发。这两款机器人通过综合运用柔顺力控、全身运动规划、视觉感知、全链路语音交互等人工智能技术，在中国馆为全球观众提供智能服务，代表中国原创前沿科技向世界传递 AI。熊猫机器人优悠也是中国馆的超人气展项，拥有 41 个“关节”的它能打太极，表演国风书画才艺，憨态可掬的形象引得嘉宾纷纷与它互动。

图 16-6　观众和优悠合影

图 16–7　Walker X 在迪拜世博会中国馆做导览

景点语音讲解将优质的导游讲解内容转化成语音的形式，游客可随时收听。大部分在线翻译 App 支持多种语言在线实时翻译，解决了不同国家的游客在景区的语言障碍问题。出国旅游时，游客只要语音输入想说的话，就能马上翻译成当地语言，没有导游的时候，买东西、问路完全没有障碍。

讯飞智能翻译机 ············ 案例应用

科大讯飞公司研制的讯飞智能翻译机 3.0（见图 16–8）支持包括中文在内的 61 种语言实时互译，连粤语或四川话等方言都能实现翻译，给游客的旅游带来了极大的便利。

图 16–8　讯飞智能翻译机 3.0

思考与练习

1. 简述人工智能的概念，分析其与人类智能的关系。
2. 思考人工智能各项技术未来在智慧导览中的应用。

任务十七 认知虚拟现实与智慧导览

任务内容

1. 了解虚拟现实的基本概念；
2. 熟悉虚拟现实系统、关键技术；
3. 掌握虚拟现实技术在智慧导览中的运用。

一、虚拟现实的概念

虚拟现实（Virtual Reality，VR）技术是一种通过全景拍摄动态三维动画技术，让观看者依靠一定的外接设备，能够身临其境地感受到虚拟环境的沉浸式体验技术。游客通过配套的穿戴式设备，不仅可以全方位地看到周围的虚拟环境，而且可以在虚拟环境中游走、互动，仿佛完全被带入了虚拟环境当中。虚拟现实的沉浸感来自本体与真实环境的完全割裂。游客在沉浸虚拟现实中的同时，扮演着虚拟现实空间中的虚拟本体，既可以克服真实世界中苛刻的自然条件，又可以打破人自身的生理、物理局限，在虚拟世界中有更大的自主性、灵活性。与传统旅游形式相比，虚拟现实的趣味性大幅提升。

人类生存的世界是三维的，但自从照相机和电视机等诞生以来，却一直是以二维平面的方式在记录和显示这个三维世界。一方面，世界因平面显示助力新技术的广泛应用，实现了跨越时代的发展进步；另一方面，将三维真实世界用二维平面来体现的方式（即降维处理）呈现出诸多局限性。从早期的阴极射线管（CRT）显示器到液晶显示器（LCD）和LED大屏幕，从黑白显示到彩色显示，每一次技术变革都没有突破显示维度的限制。3D电影虽在特定的条件下可用夸张的方法放映三维影像，但离身临其境、可互动的立体显示的广泛应用还很远。世界各国的工程师和创新创业者们都在努力尝试打破这一困境，寻找解决方案，试图还原一个逼真的3D世界。

20世纪60年代起，工程师和创新创业者开始提出各种新颖的展现三维世界真实风采的技术。大量的创新实践验证对比让人们把攻关的视野逐步聚焦到VR技术。经过50多年的研发和探索，VR技术进入了推进应用的快车道，发展迅猛，商业化、市场化和产品化的趋势日益明显。

2016 年被认为是 VR 产业元年。“VR+”时代即将来临，这是我国信息产业发展的新机遇。VR 作为未来信息产业发展的重要领域，将成为国家“互联网 +”战略的重要基础和支撑，进入产业持续高速发展时期。随着 VR 消费市场的爆发，“VR+”行业的应用将有望全面展开，“VR+”内容将日趋繁荣，“VR+”技术及硬件将不断升级、创新。“VR+”时代来临，将创造新经济、新机遇。

二、虚拟现实系统及关键技术

（一）VR 系统组成及其运行

VR 系统由计算机、输入 / 输出交互设备、应用软件系统及数据库等组成（见图 17-1）。

1. 计算机

在 VR 系统中，计算机负责虚拟世界的生成和人机交互的实现。由于虚拟世界本身具有高度复杂性，尤其在某些应用中，如航空航天世界的模拟、大型建筑物的立体显示、复杂场景的建模等，使得生成虚拟世界所需的计算量极为巨大，因此对计算机的配置提出了极高的要求。

2. 输入 / 输出交互设备

在 VR 系统中，为了实现人与虚拟世界的自然交互，必须采用特殊的输入 / 输出设备，以识别用户各种形式的输入，并实时生成相应的反馈信息。

3. 应用软件系统及数据库

VR 的应用软件系统可完成的功能包括虚拟世界中物体的几何模型、物理模型、行为模型的建立，三维虚拟立体声的生成，模型管理技术及实时显示技术，虚拟世界数据库的建立与管理等。

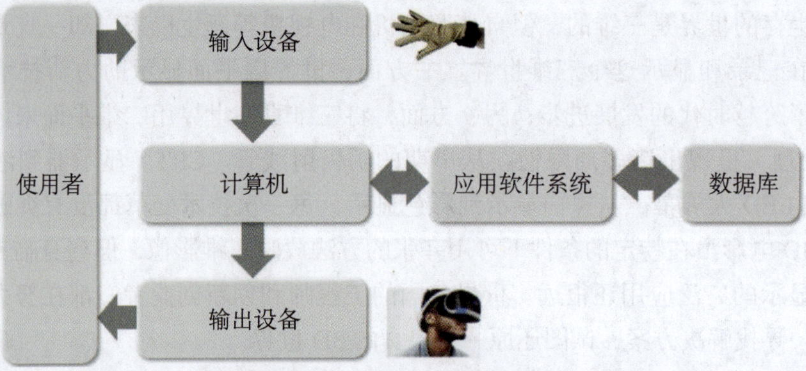

图 17-1　虚拟现实系统组成

（二）虚拟现实技术的特点

PC 是借助外部设备（键盘、鼠标等）与虚拟世界进行交互，智能手机则通过触摸屏与虚拟世界进行互动。这种交互可以清楚地看到虚拟和现实的边界，沉浸感不强。而 VR 设备所带来的沉浸性（Immersion）、交互性（Interactivity）和想象力（Imagination）是前所未有的（见图 17-2）。沉浸性是虚拟现实技术最重要的特点。

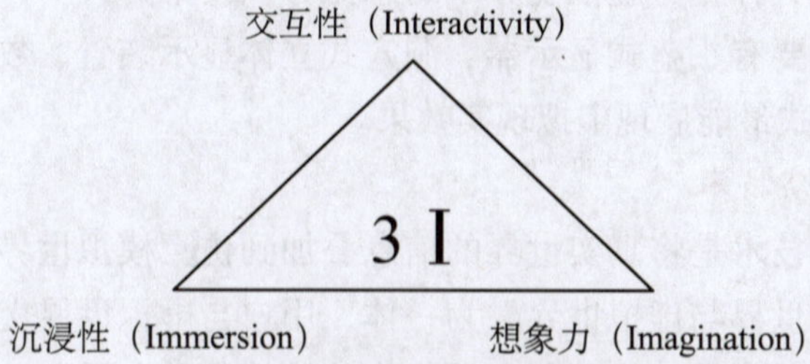

图 17-2　虚拟现实技术的特点

1. 沉浸性

沉浸性，又称临场感，是指用户感到作为主角存在于模拟环境中的真实程度。理想的模拟环境应该使用户难以分辨真假，全身心地投入计算机创建的三维虚拟环境中，该环境中的一切看上去是真的，听上去是真的，动起来是真的，甚至闻起来、尝起来等一切感觉都是真的，如同在现实世界中的感觉一样。

2. 交互性

交互性是指用户对模拟环境内物体的可操作程度和从环境得到反馈的自然程度（包括实时性）。例如，用户可以直接用手抓取模拟环境中虚拟的物体，这时手有握着东西的感觉，并可以感觉物体的重量，视野中被抓的物体也能立刻随着手的移动而移动。

3. 想象力

想象力，又称构想性，强调虚拟现实技术应具有广阔的可想象空间，可拓宽人类的认知范围，不仅可再现真实存在的环境，也可随意构想客观不存在的甚至是不可能发生的环境。

（三）虚拟现实系统分类

虚拟现实技术可分为桌面式、分布式、沉浸式和增强式四种。

1. 桌面式虚拟现实技术

桌面式虚拟现实技术是采用立体图形技术，在计算机屏幕中产生一种三维立体空间的交互场景技术。在这种技术方式中，用户与虚拟世界交互过程中用到的设备主要有计算机、初级图形工作站、投影仪、键盘、鼠标、力矩仪等。这种技术方式最易实现，应用也最广泛。

2. 分布式虚拟现实技术

分布式虚拟现实技术是虚拟现实技术与网络技术相结合的产物，是指通过计算机网络将多个用户连接在同一个虚拟世界中，使用户可以实现在同一个虚拟世界进行观察和操作的一种技术。这种技术方式中，用户与虚拟世界交互用到的设备主要有图形显示器、通信和控制设备、处理系统等。随着互联网的发展和普及，这种技术方式将具有广泛的应用前景。

3. 沉浸式虚拟现实技术

沉浸式虚拟现实技术是将用户的听觉、视觉和其他感觉封闭起来，提供一种完全沉浸式的体验，使用户有种置身虚拟境界中的感觉。该技术方式下，用户与虚拟世界交互过程中用到的设备主要有头盔式显示器、洞穴式立体显示装置、数据手套、空间位置跟踪器等。这种技术方式最能展现虚拟现实效果。

4. 增强式虚拟现实技术

增强式虚拟现实技术是将真实世界的信息叠加到仿真模拟世界中的一种技术。在这种技术方式中，真实世界与虚拟世界融为一体，用户与虚拟世界交互过程中用到的设备主要有穿透式头盔式显示器、投影仪、摄像头、计算与储存设备、移动设备等。这种技术方式具有较大的应用潜力。

这种技术能将真实世界与虚拟世界相结合，使游客通过移动设备等辅助设备在现实世界中获得虚拟信息；将虚拟信息叠加到真实的自然环境中，增加了数字旅游的交互性、故事性和趣味性。游客可以借助增强现实技术，获得现实中不曾出现的叙事性及故事性信息，从而了解真实空间中潜在的深层意义。同时，增强现实技术还能够向游客提供无限的交互可能性，使游客在环境中可以与它进行多种方式的交互（见图 17-3）。

图 17-3　用户通过 AR 设备与虚拟世界互动

四种虚拟现实技术对比如表 17-1 所示。

表 17-1　四种虚拟现实技术对比表

桌面式虚拟现实技术	分布式虚拟现实技术	沉浸式虚拟现实技术	增强式虚拟现实技术
最易实现、应用最广	最具有广泛的应用前景	最能展现虚拟现实效果	具有较大的应用潜力
通过立体图形技术在计算机屏幕中产生一种三维立体空间交互场景的技术	通过计算机网络将多个用户连接在同一个虚拟世界中，实现用户之间共同观察和操作的一种技术	将用户的听 / 视觉和其他感觉封闭起来，提供一种完全沉浸式体验的技术	将真实世界的信息叠加到仿真模拟世界中，使真实世界与虚拟世界融为一体的技术

续表

桌面式虚拟现实技术	分布式虚拟现实技术	沉浸式虚拟现实技术	增强式虚拟现实技术
相关设备： 计算机、初级图形工作站、投影仪、键盘、鼠标、力矩仪等	相关设备： 图形显示器、通信和控制设备、处理系统等	相关设备： 头盔式显示器、洞穴式立体显示装置、数据手套、空间位置跟踪器等	相关设备： 穿透式头盔式显示器、投影仪、摄像头、计算与储存设备、移动设备等

三、虚拟现实技术在智慧导览中的运用

2015年以来，以构建更为广阔的产业生态为目标的“大旅游”理念在中国应运而生，中国智慧城市创新联合实验室也提出了“智慧旅游2.0”的框架。而2016年VR的爆发，无疑同时引爆了“VR+旅游”的迅速升温。

“VR+旅游”是同“大旅游”和智慧旅游的深度演进密切结合的创新趋势与框架体系，旨在通过VR技术的应用为用户创造新的旅游体验，为新的旅游生态和产业版图注入更多盈利模式。“VR+旅游”，即依托于虚拟现实技术，建立一个虚拟的环境，让大众足不出户观看万里之外的场景，这种场景形象逼真、细致生动。虚拟技术与现实场景的结合，给人亦真亦幻的感觉，增加了真实场景的旅游价值。

“VR+旅游”主要包括“VR+景区”“VR+游乐”“VR+酒店”“VR+民宿”“VR+旅程”等模式，将旅游行业从传统意义上的“食、住、行、游、购、娱”六要素向新的“商、养、学、闲、情、奇”六要素的服务内涵与范畴演进与延伸，实现VR技术的进一步应用模式扩展。VR技术与旅游的结合将成为未来旅行、观光、文化导览等项目的重要发展方向。绝大多数的游客将通过互联网和移动新媒体获取旅游信息，在网络和社交媒体分享自己的旅游感受。通过VR进行远程实景体验，让文物、风景、历史更加生动，让游客在去景区前就可以通过VR技术实现足不出户身临其境的感受。

VR与旅游的结合，创造了全新的旅游体验模式，改变了人们的旅游方式，颠覆了人们对旅游的认知，也能够让人们轻松探索一些无法企及的目的地。人们还可以借助VR来实现预览、规划、体验及信息增强与虚实交互的目的，除了能更轻松制定行程和计划，还能够远程实景体验、现场多媒体信息迭加以强化体验，让文物、风景、历史更加生动、深入而富有意义。虚拟现实旅游既可以实现一些弱势人群的旅游梦想，也可以作为目的地的一个沉浸式预告。“VR+旅游”体验全新的“旅游攻略”，同时颠覆了旅游产业格局。

（一）VR+景区

景区是指能够吸引游客前往游览的区域场所，是旅游业开展的核心要素和主体成分。景区要有标准化的经营管理机构、相应的旅游服务设施和明确的地域范围，能够满足游客观光游览、休闲娱乐、康体健身、文化探知等旅游需求。

随着对旅游景区资源的保护、利用和管理水平的不断提高，越来越多的景区管理部门开始注意引入信息化技术来建设数字景区。数字景区建设在提高景区管理水平、保护景区生态资源、提供景区旅游信息服务等方面已经比较完善，但是在增强景区参观体验和景区互动游览等领域还有较大的提升空间。

通过 VR 技术，游客在景区游览的同时，可查阅景区全景中的电子宣传册中关于景区的景点信息、特色风光、服务资讯、环境设施等的宣传、展示，边游览边听景点解说。对于景区来说，可以强化宣传效果、节约印刷成本。同时，全景中的智能地图系统可以帮助游客随时查找自身所在位置，并引导游客以最便捷的方式前往目的景点，节约时间，提高游客满意度，促进景区发展。

旅游景区将语音和视频嵌入景区的 3D 实景中，以增强旅游景区的整体感染力，提升旅游行业的整体形象，并通过视频、音频解说等功能让游客全方位感受景区的风采。游客可以通过移动互联网及社交平台（微博、微信）等分享出去，吸引更多的潜在游客群体，提高游客的实际到访量。

延伸阅读　襄阳古城

襄阳古城通过与网展的合作，通过 3D 全景展示襄阳古城旅游景区（见图 17-4），增强景区的整体感染力，吸引潜在游客，从而促进古城文化传播，带动当地旅游业的发展。游客不仅可以边游览边听景点解说，还可以通过移动互联网及社交平台（微博、微信）等分享出去，吸引更多的潜在游客群体。这一举动带动了地方旅游业和襄阳古城的发展，提高了游客的到访量。

图 17-4　襄阳古城全景案例

（二）VR+ 游乐

游乐过程是旅行过程的重要一环，也是旅游规划阶段需要着重考虑的核心。旅游业中所说的游乐通常是指旅游过程中的娱乐活动或游戏活动。常见的游乐活动包括：山地、水上、空中等的户外运动类，以游乐场为载体的人造游乐设施类，依托科普教育机构的科学认知或考察探险类，通过民族、节日、庆典、展会等实现的旅游节类等。游乐的过程往往强调游乐内容与游客间的互动，以及游乐过程带给游客的愉悦感，同时游乐过程也会给游客带来一定的风险和刺激，因此游乐项目在设计时非常重视游客的体验感、刺激性和安全性。

虚拟现实技术非常强调其带给人们的浸入感、互动性和想象力，通过搭建虚拟化的体验式场景可以更好地满足人们不断增长的审美情趣和感官刺激。利用虚拟现实或增强现实技术，可以将传统的游乐项目通过虚拟现实环境展现出来，特殊的交互方式会使游客的体验不同于以往。

将传统游乐设施和虚拟现实技术相结合，通过在游乐设施中使用 VR 眼镜或 VR 头盔，将虚拟显示环境与交互操作体验融为一体。虚拟现实游乐设施在设计时要注意使用场地的设计，虚拟现实技术本身有利于突破场地的限制，在模块化空间中能营造丰富的展演气氛，同时也要尽可能营造与周围其他游客间的互动和交流。另外，在提供给游客新奇的游乐体验的同时，不要让游乐过程变为简单的技术展示，而是要注重对虚拟现实游乐内容的深入挖掘，通过引人入胜的故事情节和交互体验，为游客营造真正有意义的虚拟现实游乐空间。

在传统游乐设施之外，家庭游乐 + 虚拟现实的组合也将成为未来游乐模式的重要组成。通过便携式虚拟现实设备，人们在家中就能享受到虚拟现实环境中游乐的乐趣，不出家门就能体验到传统游乐过程中刺激的体验。将便携式虚拟现实设备接入互联网，通过用户间的网络数据共享，还可以形成网络社群化的游乐环境。这类似于现在流行的网络游戏，人们在获取虚拟世界中游乐体验的同时，还可以体会到虚拟社区中人与人互动的快感。

延伸阅读　日本 teamLab

teamLab 是一个来自日本的跨领域技术团队，专门研发融合科技与艺术的多媒体互动艺术项目，致力于创造可以浸入式体验的艺术世界。团队成员包括艺术家、程序员、工程师、CG 动画师、数学家、建筑师等。teamLab 将数字技术注入艺术作品，让人与自然成为相融相通的整体。teamLab 曾获得 DFA 亚洲最具影响力设计奖。

teamLab 的作品擅长以光线、声音、视频、数字序列、虚拟现实等技术手段共同打造黑科技般的梦幻空间。除了光影魅力，观众还有机会置身科技体验游乐园，收获全景沉浸式体验。观众可以通过互动成为蝴蝶与花海、光影虚拟空间等艺术作品的一部分，激发其探索和创造欲望（见图 17-5 至图 17-7）。

teamLab 将对自然的理解融合进作品里，参与者不仅可以通过触碰改变作品，也可以在会展现场进行绘画（见图 17-8），并使绘画成为整个会展作品的一部分。这种深度互动、高科技感的会展，很适合消费者追求新鲜感、体验式消费的需求。

teamLab 的新媒体装置游走于当代艺术、设计和科技之间，打造了沉浸式的艺术世界，模糊了时间、空间的界限，为观众带来了前所未有、独一无二的体验。

图 17-5　花之森林——迷失、沉浸与重生

图 17-6　无穷无尽的水晶宇宙

图 17-7　运动森林——用身体进行立体式思维

图 17-8　寓学于玩——未来游乐园

延伸阅读 中国万娱引力

北京万娱引力文化传媒有限公司（以下简称“万娱引力”）创造基于超强IP的互动娱乐产品，于2015年在北京成立。万娱引力以IP为原点，在互联网/移动互联网平台上编织内容矩阵，打造出富有创意的IP产品。它通过和地产、景区合作，在真实世界还原影视、游戏、漫画、小说等IP场景，通过再创作，为其填充趣味性、强交互的游戏和剧情，让粉丝以角色扮演等形式参与进IP的故事情节中，放飞自我、过把“戏精”瘾。

2015年至今，万娱引力推出了首个沉浸娱乐IP“触电”，并合作了多个知名IP，在中国11座城市落地了沉浸式娱乐项目，体验人次超过100万。

2016年3月，万娱引力推出的沉浸式互动娱乐“触电·鬼吹灯”在西单大悦城正式落地迎客，活动时间内，平均每日客单量600+，节假日800+。

2017年，万娱引力和朝阳大悦城再度合作，推出大型沉浸娱乐《触电·仙剑奇侠传之初入江湖》(见图17-9)。与传统的密室逃脱、实景演出、演唱会、展览等相比，万娱引力侧重用户的体验感和交互感，通过场景、道具、情节、互动、内置衍生品等手段调动起用户的参与热情，在传播度和娱乐形式方面更新颖、更互动、更沉浸。

图17-9 《仙剑奇侠传》沉浸式娱乐画面

（三）VR+酒店

酒店是游客旅行过程中休憩的重要场所，其通过向游客提供住宿、餐饮、娱乐、休闲、商务活动等服务来创造经济效益。酒店的服务质量往往能够对整个旅游行程、旅行所在地甚至对目的地城市形象起到积极的作用。酒店业的商业化程度较高，因此相应的信息化建设开展得也较早。对于游客来讲，通过互联网或手机App查询酒店信息、进行酒店预订、浏览酒店评价等已经是习以为常的事情。虚拟现实与酒店业的结合将是酒店业未来的重要发展方向。

酒店业的商业化程度高且竞争激烈，因此各家酒店都非常重视酒店的宣传工作，传统的纸质宣传手册、电视广告、互联网推广等形式已经非常普及。虚拟现实技术可以在传统的宣传手段之外提供一种更加高端的营销途径，将酒店和周边环境通过虚拟建模技术构建成为一个虚拟化的酒店空间，让潜在的客户提前接触到他们所期待的豪华酒店是什么样子的，并以 360° 视角展示酒店和酒店周边优美的环境。通过在虚拟空间中添加触控热点，人们可以随时点击感兴趣的地方来获取更多的旅游信息。与传统宣传手段相比，虚拟现实技术的加入，使得酒店宣传过程中的临场感和互动性大大增强。精美的 3D 酒店模型可以大大提升酒店在人们心目中的档次和形象，对树立酒店的高端品牌形象大有裨益。

游客在选择高端休闲酒店时，最为关心的就是酒店周边的环境、房间的居住条件和酒店提供的各项服务。大部分酒店在宣传时都会通过图片展示房间内的情况，但是平面化的图片往往只能展示房间的局部状况，而通过虚拟现实技术则可以再现酒店房间的全貌。通过真实的游历视角，游客可以提前感受到所要入住房间的景象。

虚拟房间游览主要使用的虚拟现实技术是 3D 全景成像技术。3D 全景图的制作是通过相机拍摄 360° 的一组或多组照片拼接成一个全景图像。拼接成像之后，经过一系列的数学计算就可以得到球形的全景矩形投影图或立方体图，最后通过计算机技术实现全方位互动式观看。一方面，3D 全景成像技术已经比较成熟，成像质量高，综合成本低；另一方面，这一技术主要通过图像采集设备拍摄真实场景，与游客看到的真实房间相一致，能够完美再现酒店房间的真实景象。

（四）VR+ 民宿

在旅游行业中，民宿以其亲民的价格和得天独厚的地缘优势，成为产业链布局中的重要环节。近年来，民宿风靡全球，在东亚地区尤受欢迎。如日本的北海道、冲绳等旅游名胜之地开设了大量民宿。在中国，地处西南的云南、长三角的江南古镇等旅游胜地都不失时机地推出了民宿相关产品，结合互联网营销，成为旅游业中的新卖点。

民宿 + 互联网的营销方式，虽然一度有力地带动了民宿热销，但仍然存在一些不足，急需通过新技术引入加以改进。如互联网对民宿的推广，更多以传统 2D 型“文字 + 图片 + 视频”方式来展现，在用户体验上，目前也仅仅提供了游客评价这样的简单环节，不能满足更多潜在用户的多样化需求，也难以体现民宿产品本身的丰富性和多元性。由此，民宿行业完全可以考虑在原有基础上，引入新的 VR 推广方式，扩大影响力。

目前国内民宿的广告营销方式还是以传统的平面呈现为主，难以全面反映民宿的丰富蕴涵。VR 的优势在于可以通过 360° 的立体影像，全面还原真实的场景，并通过时空叠加等技巧打造细节，全方位、多角度地展现民宿之美。例如，浙江嘉善西塘镇的民宿是典型的江南小镇风格，在互联网上吸引了众多粉丝，临水的河景小居的雕花大床、小吃、美酒等，体现了丰富的江南文化内涵。但在互联网上，这些细节并没有得到充分展示，常常只有图片或文字的静态呈现，只能片面勾勒部分日常场景。倘若能运用 VR 技术，将远处的烟雨长廊、江南古居、街边小吃和近处的青石板路、原木扶梯、雕花大床等符号意象以全景的方式呈现，由远及近，层层深入，巧妙地嫁接古典与现代、东方与西方，必将带给用户此前难以想象的震撼体验，从而更好地促进民宿的推广。

在 VR 概念被引入民宿行业之前，用户要挑选民宿，只能参考互联网上的部分资料，以及其他游客的评价，基本上处于被动的接受状态，很难寻找到更合适的渠道深入了解民宿。VR 技术的出现，为用户提前体验民宿提供了支持。通过观看 VR 影像，用户被调动起视觉、听觉等多种感觉，有了身临其境的感受，清楚地了解到民宿的突出优势和不足之处，更有可能挑选到心仪的民宿。2016 年 7 月 12 日，国内首个民宿 VR 推广平台——有宿正式上线，其目标是力争让国内每间民宿都能上传自己的 VR 视频，而用户可以通过关注微信，直接观看 VR 选择自己满意的民宿。可以推知，用户的 VR 体验以及实地民宿消费感受，还将进一步通过微信朋友圈得到更广泛的传播。这种大众传播 + 人际传播（微信朋友圈）的方式，会通过弱关系 + 强关系的连接网络，以点为单位，全方位地传播、辐射民宿信息，也让 VR 技术能更好地扎根于民宿乃至旅游行业，推动整个行业的健康发展。

（五）VR+ 旅程

数据显示，2019 年我国国内旅游人数为 60.06 亿人次，同比增长 8.4%，入境旅游人数为 14 531 万人次，增长 2.9%；出境旅游人数为 15 463 万人次，增长 3.3%。全年旅游总收入为 6.63 万亿元，同比增长 11.1%。2022 年我国国内旅游人数为 25.3 亿人次，国内旅游收入为 20 444 亿元，我国国内旅游、出境旅游人次和国内旅游消费、境外旅游消费均创新高。从数据来看，旅游行业蕴藏着巨大的潜力，“食、住、行、游、购、娱”各环节都包含着无限商机，完全可以结合 VR 技术，实现进一步的突破发展。

例如，利用 VR 技术可以进行碎片化时空的利用。VR 镜像以虚拟场景打破了现实和虚幻之间的界限，提供给用户多重体验。只要一副 VR 眼镜在手，360° 全方位呈现。这种便捷为旅程中的游客充分利用碎片化时空提供了可能，等车时、吃饭时、购物时、娱乐时，甚至睡觉前的短短数分钟，都能欣赏相关的 VR 节目。VR 镜像基本可以无缝链接时空，让游客自由穿梭于现实和虚拟之间，实现最大限度的时空控制，充分体验到高科技带给现代人的淋漓尽致的酣畅冲击。

VR 产品和旅程的有效结合，还可以体现在交通体系的全方位铺设方面。无论是旅行团还是自由行，当下游客出行常常需要多种交通方式的链接，自驾、大巴、火车、高铁、飞机、邮轮等交通网络，已经将旅程推至人类可以到达的大多数风景区，VR 产品的提供也应建立起相应的网络连接。相关企业可针对不同的交通方式，设计独特的定制产品，以满足游客的多样需求。如 2016 年中国 • 海峡项目成果交易会上，网龙公司就推出了一款中国高铁司机 VR 训练系统，现场观众戴上 VR 眼镜后，眼前会浮现出高铁驾驶舱的全尺寸 VR 模拟。体验者在虚拟场景内能与外界设备交互，通过移动手柄，点击放大虚拟驾驶舱内的仪表、按钮等来实现操作。类似地，可以考虑和高铁旅程相结合开发相关的游戏产品，让游客在乘坐高铁时，动手操作，现场实时体验驾驭高铁的感受，寓休闲、娱乐以及学习于一体，留下深刻难忘的记忆。

人在旅途，除了用心欣赏别处的风景，还会关注旅行中的其他特色服务，如购物、娱乐、文化体验等。为此，VR产品在内容设计上，必须充分地展现丰富性、多元性，打造接地气的特色内容产品。例如，大名鼎鼎的苏州拙政园的一池三岛中穿插有春夏秋冬四亭，分别是绣绮亭（春亭）、荷风四面亭（夏亭）、待霜亭（秋亭）、雪香云蔚亭（冬亭），以赏四时之景。受自然条件制约，四季美景只能在不同的季节分别欣赏，对于大多数只能在特定季节前往游玩的游客来说，只能看到一季之景，难免遗憾。但是，VR技术的出现完全可以从技术上填补缺憾，通过制作四季美景的VR视频，游客能在任何时候于现场全面欣赏到春林初生、夏荷绽放、秋叶翩跹、冬雪皑皑的四季佳景，充分感受到苏州园林的细腻生动之美。中国各地都有自己的特色产品，如湖州的丝绸、宜兴的紫砂壶、景德镇的瓷器等，以往游客在旅途中只能直接购买到最后的物质成品，难以了解到当地传承千年的相关文化。这一不足也能通过VR加以改进，如在小店中提供生动详尽的制作丝绸、紫砂壶、瓷器等产品的VR视频，让游客一边接触物质成品，一边体会悠久的历史文化，从而带来丰富的游客体验。

VR和旅程相结合的过程中，还有一个不应忽视的重要环节，就是对VR眼镜的营销设计。从技术的角度来看，VR眼镜似乎只是单纯的传播中介，然而，从文化的角度而言，VR眼镜作为传播平台，可以承载更多的设计符号。例如，首先需要考虑的是针对不同群体的符号设计，性别、年龄等人口指标都应包括其中。男性和女性对于VR眼镜的需求不尽相同，男性可能更偏重眼镜的多重功能性，而女性则对眼镜外观、时尚元素等更在意；儿童、年轻人、老年人对于VR眼镜的要求也会有很大差别，儿童可能更喜爱造型偏活泼可爱的眼镜，年轻人或许更在意眼镜功能的更新升级，而受生理条件制约，老年人对眼镜的视觉效果有更多偏好。这些都需要VR眼镜的生产方根据精细的市场调查做出细分，制作分众化、个性化的产品。

此外，旅游行业已经有了比较成熟的产业链，VR眼镜也应该和产业链的多个环节紧密结合，在设计上体现更多匠心。如乘坐不同交通工具时，眼镜的设计应有所差别。举例来说，乘坐交通大巴时，空间有限，对安全的要求也更高，VR眼镜最好不要设计成360°的全景视角，而代以180°视角，这样能将乘客的视线集中于前方，身体感受也更舒服、更安全。此外，结合具体环境，VR眼镜的设计营销还可以采取更灵活多样的形式。

游客出行前可以在全景技术与VR技术相结合的3D智能云平台，通过佩戴VR眼镜，身临其境般地体验游览景区、了解景点特征及配套商户中心情况；根据自己的游览足迹记录游览信息，方便在景区观赏游玩。

延伸阅读　黄柏山国家森林公园

黄柏山国家森林公园是国家4A级旅游区，位于河南省商城县南部，大别山腹地。黄柏山国家森林公园人文景观丰富，历史遗迹众多，占地面积大，其打造的VR版黄柏山（见图17-10），让游客可以事先计划好适合自己的旅游行程，甚至还能量身定制旅行路线，如吃货路线、首次前来的体验路线等；同时还可以在线进行景点周边餐饮、住宿等商家的信息搜索查询及线上预订等服务，大大方便了游客出行，优化了游客体验。

图 17–10　黄柏山国家森林公园全景案例

思考与练习

1. 描述虚拟现实系统的组成及其作用。
2. 思考各种类型虚拟现实系统未来在智慧导览中的应用。

参考文献

[1] 袁芬 . 智慧旅游技术概论 [M]. 北京：旅游教育出版社，2022.

[2] 欧朝蓉 . 智慧旅游 [M]. 北京：中国林业出版社，2021.

[3] 姚志国，鹿晓龙 . 智慧旅游：旅游信息化大趋势 [M]. 北京：旅游教育出版社，2013.

[4] 张凌云，乔向杰，黄晓波 . 智慧旅游理论与实践 [M]. 天津：南开大学出版社，2017.

[5] 钟栎娜，邓宁 . 智慧旅游：理论与实践 [M]. 上海：华东师范大学出版社，2017.

[6] 陈涛，等 . 智慧旅游：物联网背景下的现代旅游业发展之道 [M]. 北京：电子工业出版社，2012.

[7] 黄羊山，等 . 智慧旅游：面向游客的应用 [M]. 南京：东南大学出版社，2013.

[8] 吴红辉 . 智慧旅游实践 [M]. 北京：人民邮电出版社，2020.

[9] 郑忠阳 . 智慧旅游：认知与实践 [M]. 重庆：西南财经大学出版社，2022.

[10] 张华，李凌 . 智慧旅游管理与实务 [M]. 北京：北京理工大学出版社，2017.

[11] 张凌云，黎巎，刘敏 . 智慧旅游的基本概念与理论体系 [J]. 旅游学刊，2012（5）.

[12] 杜鹏，杨蕾 . 智慧旅游系统建设体系与发展策略研究 [J]. 科技管理研究，2013（23）.

[13] 郭晓东，李莺飞 . 中国智慧旅游研究综述 [J]. 旅游论坛，2015（6）.

[14] 李云鹏，胡中州，黄超，段莉琼 . 旅游信息服务视阈下的智慧旅游概念探讨 [J]. 旅游学刊，2014（5）.

[15] 翟辅东 . 旅游六要素的理论属性探讨 [J]. 旅游学刊，2006（4）.

附录一 《公共信息图形符号 第 1 部分：通用符号》（GB/T 10001.1—2012）

附录二 《公共信息图形符号 第 2 部分：旅游休闲符号》（GB/T 10001.2—2021）